DUMONTS KLEINES

STEINGARTEN LEXIKON

Gestaltung · Bepflanzung · Pflege

Hermann Hackstein & Wota Wehmayer

DÖRFLER · VERLAG

Alle in diesem Buch enthaltenen Angaben, Vorschläge, etc. wurden von den Autoren nach bestem Wissen erstellt und von ihnen und dem Verlag mit größtmöglicher Sorgfalt überprüft. Gleichwohl sind inhaltliche Fehler nicht vollständig auszuschließen. Daher erfolgen die Angaben etc. ohne jegliche Verpflichtung oder Garantie des Verlags oder der Autoren. Eine Haftung der Autoren und des Verlags für Personen-, Sach- und Vermögensschäden ist ausgeschlossen.

Im Internet finden Sie unser Verlagsprogramm unter:
www.doerfler-verlag.de

Inhalt

Gestalten mit Naturstein

Faszination Naturstein

Fremde Länder und Kontinente zu entdecken und zu bereisen, hat Menschen seit Jahrhunderten hinaus in die Welt getrieben, nicht selten unter Einsatz ihres Lebens.

Gerade die extremen Regionen der Welt scheinen dabei den größten Anreiz zu bieten. Zwischen tropischen Regenwäldern und arktischem Eis sind es besonders die Wüsten und Halbwüsten sowie die Hochgebirgsregionen, die Abenteurer und Forscher bis heute in ihren Bann ziehen.

Reisebeschreibungen großer Naturforscher wie Maria Sybilla Merian, Johann Wolfgang von Goethe, Alexander von Humboldt, Sven Hedin und anderer sowie die Nachrichten aus den Kolonien der europäischen Staaten haben schon früh ein breites Interesse daran geweckt, das Exotische und Außergewöhnliche auch ohne große Strapazen zu Hause erleben zu können. So entstanden neben zoologischen und botanischen Gärten und naturkundlichen Museen auch immer mehr private Sammlungen – ein Reiz, der bis heute ungebrochen ist.

Steingartenfreunden bieten sich vielfältige Möglichkeiten, Pflanzen der kargen Hochgebirgszonen Europas und Asiens oder aus den Trockengebieten Nordamerikas, Südafrikas und Australiens in den eigenen Garten zu holen, um so das Ferne im Nahen und das Große im Kleinen zu spiegeln.

Ein Gewinn für den Garten

Jeder Garten gewinnt, wenn man Steine bewusst als optisches Element einsetzt. Das Gestaltungsspektrum ist dabei enorm groß. Es reicht vom einzelnen Findling, der als Solitär die Blicke auf sich zieht, bis zum kompletten Steingarten, dessen Gesamteindruck von diesem Naturmaterial geprägt wird.

Doch damit nicht genug: Das Einbinden von Steinen eröffnet zusätzliche gärtnerische Dimensionen. Denn viele Gewächse finden zwischen Steinen ideale Bedingungen: vom unscheinbaren Thymian, der sich ganz flach über Steinoberflächen legt, über das filigrane Seifenkraut, dessen Schönheit sich erst bei genauem Hinsehen erschließt, bis zum üppigen Blaukissen, das im Frühjahr mit betörender Blütenpracht die Blicke auf sich lenkt.

Hinzu kommen unzählige Pflanzen, die ihre Wirkung vor allem in der Kombination mit Natursteinen voll entfalten: von

Gehölzen wie der Zwergkiefer oder dem Fächerahorn über hochaufschießende Stauden wie der Königskerze oder den Sonnenblumen bis zu kleineren Blumen wie der Etagenprimel oder der Aster.

Ein Einbinden von Steinen in den Garten ist so weit mehr als bloße Dekoration: Es bietet die einzigartige Chance, eine faszinierende Facette der Natur unmittelbar zu erleben und zu genießen.

Nützliche Helfer

Stein im Garten hat über die visuelle Komponente hinaus zudem eine ganz pragmatische Funktion: Denn von der Grundanlage eines Gartens bis zur Detailgestaltung lässt er sich nutzbringend integrieren.

Auch hier ist das Spektrum wieder ausgesprochen groß: Es reicht von der Hangbefestigung mit großen Steinblöcken und Bruchsteinmauern zum Abgrenzen von Gartenbereichen über niedrige Beeteinfassungen oder Wegbegrenzungen mit kleinen Steinen bis hin zu Trittsteinen in größeren Beeten und großzügig gepflasterten Wegen und Terrassen.

Letztlich lässt sich also kaum eine Gartengestaltung ohne Steine realisieren. Welches optische Gewicht dem Naturmaterial dabei zufällt, ist eine Frage der individuellen Ansprüche jedes Gartens und des eigenen Geschmacks.

Formen und Varianten

Kein Steingarten gleicht dem anderen – und das nicht nur, weil die Gestaltungsvarianten so vielfältig sind. Denn letztlich ist jeder Stein ein Unikat. Jeder hat seine individuelle Form und Ausstrahlung. So unterscheidet sich der naturgeformte Findling vom grob behauenen Bruchstein ebenso wie vom industriell bearbeiteten Formstein.

Hinzu kommt die unerschöpfliche Materialvielfalt. Ob dunkler Porphyr, roter Sandstein oder sandfarbener Travertin: Kaum eine Farbe, die die Natur bietet, findet sich nicht auch im Naturstein wieder.

Jeder Stein bietet zudem eine andere Struktur: von den deutlich hervorspringenden Maserungen vieler Marmorarten über die gesprenkelte Optik der Granite bis hin zu den einheitlichen Farbflächen der Kalksteine. Hinzu kommt, dass jeder Stein seine Farbigkeit bei Witterungswechseln verändert: Bei Trockenheit zeigt sich die Oberfläche stumpf, nach einem Regenguss hingegen glänzend.

Bereichert wird die visuelle Urkraft des Natursteins schließlich durch die unterschiedlichen Oberflächenstrukturen. Von den brüchigen Gesteinslagen eines Schiefers über die unregelmäßige Gestalt eines Bruchsteins bis hin zur plan geschliffenen Oberfläche eines bearbeiteten Terrassensteins.

Steinbeete

BEETE MIT STEINEN DEKORATIV GESTALTEN

Der Steingarten lebt von Steinen, die dekorativ und liebevoll in Pflanzbereiche eingegliedert sind. In der Natur suchen sich die Steingewächse zwischen natürlichem Geröll oder Steinmassen ihren Lebensraum – im Garten allerdings muss man zunächst Steine bewusst anordnen, damit die Steingewächse dort ideale Wachstumsbedingungen finden.

Bei der Gestaltung von Beeten mit Naturstein stehen dabei grundsätzlich zwei Alternativen zur Wahl: Entweder man arbeitet mit mehreren Steinen, die zu einem Ensemble zusammengelegt werden, oder aber man setzt ganz bewusst vereinzelte Akzente mit größeren Steinen. Solche einzeln gesetzten Steine bezeichnet man als Solitäre.

STEINGRUPPEN

Der Eindruck eines „echten" Steingartens entsteht nur, wenn man mehrere Steine in einen Pflanzbereich einbringt. Wie natür-

lich allerdings die optische Wirkung ausfällt, hängt nicht nur von der Menge und der Größe der eingesetzten Steine ab, sondern vor allem auch von deren Anordnung und dem farblichen Gesamtbild. Um einen attraktiven Eindruck zu erzeugen, reicht es so nicht aus, einfach nur ein paar Steine wild auf ein Beet zu kippen.

Natürlicher Gesamteindruck

Am einfachsten fällt die Gestaltung, wenn man sich für einen Steinhügel entscheidet. Die größten Steine werden dabei in die Mitte gesetzt, kleinere Steine dann daneben oder darüber verteilt.

Damit die Steingewächse später ausreichend Nährboden finden, ist es wichtig, die Spalten und Zwischenräume zwischen den Steinen mit Erde zu füllen. Am besten greift man zu Blumenerde aus dem Handel, weil diese sehr locker und fein ist. Beim Einbringen der Erde rieselt sie in die Zwischenräume. Dort drückt man die Pflanzerde so gut es geht mit den Händen fest.

Nach dem Einbringen schwemmt man die Erde mit Wasser aus der Gießkanne ein. Dabei sackt sie ab. Dann werden die Zwischenräume erneut mit Boden gefüllt. Soll ein größerer Steinhaufen entstehen, ist es wichtig, die Erde nach und nach zwischen alle Steinschichten einzubringen – und nicht nur am Schluss die sichtbaren Spalten zu füllen. Nur so können die Steinpflanzen optimal wurzeln und perfekten Halt finden.

Formale Gestaltung

Doch dem Vorbild der Natur nachzueifern, ist nur eine der vielfältigen Gestaltungsmöglichkeiten. Genauso attraktiv kann es sein, Steine nach formalen Gesichtspunkten in Pflanzbereiche zu integrieren.

So bezieht beispielsweise ein japanischer Garten einen spannungsreichen Kontrast aus geharkten Kiesflächen und bewusst gesetzten, einzelnen Gehölzen als Blickfang. Und zu moderner Architektur passen besonders gut Pflanzbereiche, die mit hellen Kieselsteinen abgedeckt sind.

Solitäre als Blickfang

In der Natur heben sich nur wenige große Steine aus ihrem Umfeld so heraus, dass sie ins Auge springen. Im eigenen Garten allerdings bietet sich die Chance, einzelne, besonders schöne Exemplare bewusst ins Blickfeld zu rücken.

Entscheidend für die Wirkung solcher Solitäre ist dabei die Rundumbepflanzung. Für die Optik ist zunächst entscheidend, dass möglichst kein Erdreich sichtbar ist – besonders gut machen sich dichte Bodendecker oder kleinere Steine.

Je deutlicher sich der Stein vom Umfeld abhebt, desto besser nimmt man ihn wahr. Deshalb sollten Solitäre vor einem möglichst einfarbigen Hintergrund stehen, der einen deutlichen Kontrast zur Steinfarbe erzeugt.

Empfehlenswert sind halbhohe Pflanzen, mit dichtem grünen Laubwerk und einer ruhigen Blattstruktur. Optimal sind immergrüne Gewächse. Ihre Höhe sollte zu der Größe der Solitäre passen, also weder zu hoch noch zu niedrig ausfallen.

Mauern und Befestigungen

Seit Jahrhunderten setzen Menschen Steine zum Befestigen von Erdreich und zum Errichten von Mauern ein. So nimmt man Natursteine im Garten, die Erdreich abfangen oder Flächen begrenzen, als sehr natürlich wahr, ganz gleich ob sie als niedrige Beeteinfassung, halbhohe Stützmauer oder als massive Hangbefestigung ausgeführt sind.

Dabei bieten sich unzählige Gestaltungsmöglichkeiten an. Das betrifft nicht nur Höhe oder Stabilität, sondern vor allem auch Form und technische Ausführung.

Bruchsteinmauern

Zu den beliebtesten Formen im Garten zählt die Bruchsteinmauer. Sie wird aus grob behauenen, kleineren Steinblöcken errichtet. Zum Aufbau einer solchen Mauer bieten sich zwei Möglichkeiten: Niedrigere Mauern, die keinen größeren statischen Belastungen ausgesetzt sind, können aus einfach aufeinander geschichteten Steinen aufgebaut werden. Größere Mauern oder solche, die in Hanglagen schweres Erdreich sicher abfangen sollen, müssen hingegen mit Mörtel zu einer stabilen Wand verbunden werden.

Beim Aufschichten ohne Mörtel bietet sich die Chance, die Zwischenräume mit

Erdreich aufzufüllen und so Pflanzen gute Lebensbedingungen zu ermöglichen. Aber auch eine mit Mörtel befestigte Mauer muss nicht kahl und einförmig wirken – vor allem dann, wenn sie Erdreich abfängt. Dann können Bodendecker und Blumenteppiche sich über die Mauer legen und die romantische, natürliche Wirkung unterstreichen.

Zum Errichten kleinerer Mauern bis zu einer Höhe von einem halben Meter reicht es in der Regel aus, den Untergrund vor dem Setzen der Steine zu verdichten. Größere Mauern hingegen benötigen einen stabilen Unterbau. Am besten bringt man sie in ein Schotterbett ein.

Kleinere Bruchsteinmauern kann man auch gut in Eigenleistung errichten. Dabei kommt es darauf an, passende Steine sorgsam auszusuchen und passgenau zu setzen. Die Mauer darf sich dabei nicht nach vorne neigen, sondern sollte immer ein leichtes Gefälle zum Beet bzw. Hang hin aufweisen.

MAUERN AUS FORMSTEINEN

Optisch nicht minder attraktiv sind Mauern aus behauenen oder industriell gefertigten Formsteinen. Sie entwickeln eine klare, ein-

deutige Formsprache, die sich vor allem in moderne oder formal gestaltete Gärten gut eingliedert. Solche Mauern werden grundsätzlich mit Mörtel stabilisiert und sind so kaum zum Bepflanzen geeignet.

Allerdings kann man auch ihren strengen Gesamteindruck durch überhängende Pflanzenteppiche oder das Ansiedeln von anspruchslosen Steingewächsen auflockern.

Hangbefestigungen

An steilen Grundstücken bieten sich zwei Arten von Hangbefestigungen an: Entweder man terrassiert den Hang und zieht mehrere kleinere Mauern ein, oder man befestigt ihn mit stabilen

Stützwällen aus großen Steinblöcken. Diese Arbeit sollte man allerdings unbedingt Fachleuten überlassen.

Einfassungen

Während größere Mauern sich vor allem in Hanglagen empfehlen, lassen sich flache Einfassungen in jede Gartengestaltung einbinden. Dabei kann man mit Naturstein nicht nur Beete stilvoll einfassen, sondern auch Wege und Terrassenflächen attraktiv begrenzen.

Auch bei Beeteinfassungen hat man die Wahl zwischen in Form und Größe zumeist unregelmäßigen Natursteinen oder

Formsteinen in verschiedensten Ausführungen. Werden diese passend zu Terrassen- oder Wegbelägen gewählt, entsteht ein besonders harmonisches Gesamtbild. Prägend für den Eindruck von Beeteinfassungen ist zudem, ob sie niedrig verlegt eher unauffällig ein Beet begrenzen, oder massiver und höher gestaltet einen bewussten Blickfang darstellen.

Grundsätzlich grenzen Einfassungen nicht nur Beete von anderen Flächen – wie z.B. Rasen – ab und verhindern so das ungehinderte Ausbreiten von Beetpflanzen. Mit ihnen lassen sich auch größere Flächen im Garten abteilen und die optische Gliederung in unterschiedliche Gartenzonen unterstützen.

WASSER & STEIN

Besondere Aufwertung erhalten Steingärten durch die Verbindung mit Wasser. Denn dieses Urelement kann das vermeintlich leblose Naturmaterial Stein regelrecht zum Leben erwecken: Ob es sanft runde Kiesel am Teichrand umspült, vorwitzig durch einen Bachlauf sprudelt oder beruhigend aus einem Quellstein plätschert – Wasser im Garten bietet nicht nur Augen und Ohren abwechslungsreiche Reize.

Im Steingarten empfiehlt sich die Gestaltung eines Bachlaufs, der vorzugsweise aus unterschiedlich großen Natursteinen gestaltet wird. Prädestiniert dafür sind besonders Hanglagen, die sogar kleine Wasserfälle ermöglichen. Doch auch bei ebenen Lagen lassen sich durch geschicktes Anhäufen der Steine Bachläufe anlegen, die sinnvollerweise in einem kleinen Teich enden. Von dort aus kann das Wasser dann wieder zum Beginn des Wasserlaufs gepumpt werden. Auch am Teich selber lassen sich Steinzonen, die über eine reine Uferbegrenzung hinausgehen, anlegen.

Wege & Terrassen

Nicht zuletzt eignet sich Naturstein auch hervorragend, um Wege und Terrassen anzulegen. Und solche begehbaren Flächen aus dem Naturmaterial passen sich natürlich auch besonders gut in einen Steingarten ein.

Bei der Gestaltung von größeren, zusammenhängenden Flächen empfehlen sich zu allererst größere Natursteinplatten. Sie können sowohl eng aneinander gelegt als auch mit etwas Abstand zueinander angeordnet werden. Die so entstehenden Zwischenräume kann man dann entweder mit Kies oder aber auch mit Rasen füllen. Das bricht größere Flächen optisch auf und das Erscheinungsbild wirkt naturnäher. Perfekt geeignet sind hierfür vor allem unregelmäßig gebrochene Platten.

Diese kann man auch bestens als Trittsteine in Beeten verwenden. Solche Wege anzulegen ist nicht nur preiswerter, als sie zu pflastern: Die Steine sind vor allem zwischen Steingartengewächsen sehr unauffällig und treten optisch in den Hintergrund.

Eine andere Möglichkeit ist, zu behauenen Quadern zu greifen, die der Handel in allen gängigen Pflastersteingrößen führt.

Für Wege und Terrassen sind besonders quadratische Steine in der Größe von 5 x 5 und 10 x 10 cm beliebt oder Rechtecksteine in den Maßen 10 x 5 cm. Preiswert und hochwertig wirken dabei vor allem Flächen aus Granit.

Solche in Form gebrachten Steine gibt es aber auch wesentlich größer. Aus ihnen lassen sich nicht nur Bruchsteinmauern anlegen, sondern auch Treppen bauen. Dabei kann man entweder die Steine eng zu einer steileren Treppe anordnen oder aber auch bewusst breitere Stufen ausbilden, die dann mit Kies gefüllt werden.

Besonders harmonisch wirkt das Steingartenbild, wenn die verwendeten Naturmaterialien aufeinander abgestimmt sind. Diesen Eindruck kann man leicht erzielen, wenn sich bestimmte Steinarten an unterschiedlichen Stellen wiederfinden. So kann man z.B. Wege und Flächen mit Formsteinen aus Granit pflastern und zudem unbehauene Steine in Beete einbringen.

Das Pflanzenlexikon

Die Pflanzenauswahl

Individueller Geschmack

Natürlich bestimmen nicht allein die Steine – ob als funktionale oder optische Elemente eingesetzt – die gelungene Gestaltung eines Steingartens. Untrennbar mit ihnen verbunden sind die Pflanzen – sie erst lassen den Steingarten lebendig werden.

Dabei gibt es eine Reihe von Steingewächsen, die sehr anspruchslos sind und kaum Erdreich benötigen, um sich zu entfalten. Aber diese wachsen zumeist nur sehr flach und sind relativ unscheinbar. Sie gehören zwar unabdingbar in einen Steingarten – der Gesamteindruck aber wird maßgeblich von größeren oder auffallenderen Pflanzen geprägt. Dazu zählen Gehölze oder Farne ebenso wie Stauden oder einjährige Gewächse.

Für welche Pflanzen man sich entscheidet, ist zunächst eine Frage des individuellen Geschmacks. So ist es beispielsweise durchaus möglich, Nutzpflanzen wie Kräuter oder Beerensträucher in den Steingarten zu integrieren.

Die Pflanzenportraits

Gleichwohl gibt es allerdings eine ganze Reihe von Gewächsen, die landläufig eng mit dem Bild eines Steingartens verbunden sind. Die über 130 Pflanzenportraits auf den folgenden Seiten stellen die wichtigsten von ihnen vor.

Die Auswahl erhebt dabei keinen Anspruch auf Vollständigkeit und spiegelt die Präferenzen der Redaktion wieder. Zum Teil stellen die Portraits ausführlicher bestimmte Unterarten vor, die sich für den Steingarten besonders eignen oder sich großer Beliebtheit erfreuen.

Die Infoboxen

Damit die Auswahl für den eigenen Garten etwas leichter fällt, findet sich bei jedem Pflanzenportrait eine kleine Infobox. Sie informiert zunächst über den geeigneten Standort: Die Sonnensymbole zeigen an, ob sich das Gewächs an einem sonnigen, halbschattigen oder schattigen Standort wohl fühlt.

In der zweiten Zeile ist die Wachstumshöhe benannt. Diese kann je nach Sorte allerdings sehr unterschiedlich ausfallen. Bei mehreren Sorten beziehen sich die Angaben auf die häufigsten Arten – Verweise, welche Sorten eventuell höher oder niedriger wachsen, finden sich in den Textbeschreibungen.

Die Blütezeit schließlich ist in Monaten angegeben: Es sind die römischen Zahlen neben dem Blumensymbol. Wenn die Pflanze zu keiner Zeit ein Blütenbild zeigt, fehlt diese Angabe.

Abies balsamea

60–100 cm

Balsamtanne

Die Tannen (Abies) gehören zur Familie der Kieferngewächse (Pinaceae) und sind in verschiedenen Arten auf der Nordhalbkugel der Erde zu finden. Die Abies balsamea, die auch als Balsamtanne bezeichnet wird, stammt ursprünglich aus Nordamerika.

Für den Steingarten bieten sich besonders die Zwergarten als Gestaltungselement an. Interessant sind dabei die verschiedenen Wuchsformen sowie die Nadelfärbung und -form.

Ein sehr hübsches Exemplar ist die Zwergform der Balsamtanne (Abies balsamea 'Nana'). Im Gegensatz zu ihren größeren Verwandten, die bis zu 15 m hoch werden, erreicht sie maximal eine Höhe von 60 bis 100 cm. Zudem wächst sie ausgesprochen langsam und erreicht binnen 10 Jahren nur etwa 60 cm Höhe. Durch ihren kissenförmigen, kugeligen Wuchs und die kurzen, dunkelgrünen Nadeln wirkt sie sehr attraktiv.

Die Pflanze bevorzugt einen sonnigen bis halbschattigen Standort und gedeiht gut in nährstoffreichen, frischen Böden. Auf zuviel Trockenheit reagiert sie empfindlich. Die Zwerg-Balsamtanne eignet sich auch für die Bepflanzung von Trögen.

Acaena

Stachelnüsschen

5–10 cm

VI–VIII

Das Stachelnüsschen ist ein in Südamerika und Neuseeland beheimateter Vertreter der Rosaceae, der Rosengewächse. Es handelt sich um einen hervorragenden Bodendecker, der vielseitig verwendbar ist. Aufgrund seines schnellen Wachstums lassen sich sehr gut Lücken damit füllen. Allerdings muss man gelegentlich korrigierend eingreifen, wenn schwächere Nachbarn überwuchert werden.

Die wintergrüne Pflanze bildet mit ihren grünen, blaugrünen bis bronzefarbenen Fiederblättchen einen reizvollen Teppich. Sie trägt unscheinbare Blüten, aber ab Juli entwickeln sich daraus spektakuläre, bestachelte Früchte. Stachelnüsschen gedeihen vollsonnig, kommen aber auch noch in schattigeren Bereichen des Steingartens zurecht. Als Pflanzennachbarn sind bläuliche und rötliche Gräser und Kleingehölze gut geeignet.

Beliebte Arten:

- ACAENA BUCHANANII: Eine zwergig wachsende, silbrig-graue Pflanze mit grünen oder gelben Kelchstacheln, die nur ca. 5 cm Höhe erreicht.

- ACAENA CAESII GLAUCA: Diese Pflanze ist starkwüchsig und bildet einen blaugrünen Teppich. Wegen ihres starken Ausbreitungsdranges ist diese Art nur für größere Anlagen zu empfehlen.

- ACAENA MICROPHYLLA: Diese eher schwachwüchsige Pflanze bildet einen bräunlichgrünen Blätterteppich, die Kelchstacheln sind leuchtend rot. Die zierlichere Sorte 'Kupferteppich' hat eine attraktive, braunrote Belaubung. Sie ist durch ihr weniger üppiges Wachstum auch für kleinere Steingärten zu empfehlen.

Acer

Ahorn

100–300 cm

IV–V

Die Ahorne (Acer) gehören zur Familie der Ahorngewächse. Ein Teil der Bäume oder Sträucher ist in Europa heimisch, andere kommen aus Amerika oder Asien. Der botanische Name Acer kommt aus dem Lateinischen und bedeutet soviel wie scharf oder spitz, was sicher eine Anspielung auf die Blattform des Ahorns ist.

Beim Anlegen eines Steingartens eignen sich Gehölze dazu, den grundlegenden Gestaltungsrahmen vorzugeben und ein pflanzliches Gerüst zu liefern. Man sollte sich allerdings gut überlegen, wo man sie platziert, da sie meistens sehr langlebig sind.

Der Zierwert von Gehölzen liegt nicht nur in den unterschiedlichen, dekorativen Wuchsformen wie beim Acer ginnala (rechts), sondern auch in der Belaubung, die besonders bei den bunt beblätterten Arten oder den Arten mit einer schönen Herbstfärbung bemerkenswert sein kann.

So ist es kein Wunder, dass die vielgestaltigen Ahornarten sehr beliebt sind, denn ihre positiven äußeren Eigenschaften sind ihre schönen Kronen und das Laub. Der Ahorn ist sommer-

grün; im Herbst reicht dann die Farbpalette der Blätter von leuchtendem Gold über warmes Orange bis zu intensivem Rot. Zwei im Steingarten besonders beliebte Ahornarten sind Acer japonicum und Acer palmatum.

Beliebte Arten:

- ACER PALMATUM: Diese Art wird auch als Fächerahorn bezeichnet. Er wächst breit ausladend und wird etwa 100 bis 300 cm hoch. Der Fächerahorn bevorzugt einen Standort im Halbschatten und einen humosen Boden.

Im Steingarten sind rotblättrige Ahornarten besonders beliebt; diese tragen den Namenszusatz 'Atropurpu-

reum'. Außerdem haben eine ganze Reihe von Ahorngehölzen geschlitzte Blätter; diese tragen die Bezeichnung 'Dissectum'.

Empfehlenswert ist vor allem der Acer palmatum 'Atropurpureum' (links), der auch unter dem Namen Roter Fächerahorn bekannt ist und im Sommer dunkelrote Blätter trägt, die sich im Herbst leuchtend karminrot färben, sowie der Acer palmatum 'Dissectum Atropurpureum', welcher auch Japanischer Rotblättriger Schlitzahorn genannt wird und durch seine besonders dekorativen, roten, fein geschlitzten Blätter auffällt.

ACER JAPONICUM (rechts): Diese Art, die auch Japanischer Ahorn genannt wird, erreicht eine Höhe von etwa 120 bis 250 cm und ist von sehr breitem ausladendem Wuchs. Die rosafarbenen bis dunkelroten Blüten kann man von April bis Mai bewundern. Die Pflanze bevorzugt einen lockeren, humosen Boden, der leicht sauer sein darf, und gedeiht am besten im Halbschatten.

Achillea

Schafgarbe

Die Schafgarben (links) gehören zu den Korbblütengewächsen (Asteraceae). Die Gemeine Schafgarbe (Achillea millefolium) ist seit langem als Heilpflanze bekannt, denn sie wirkt entzündungshemmend, entkrampfend, antiseptisch und blutstillend. Der Sage nach wurde sie auch vom griechischen Helden Achilles während des Trojanischen Krieges als Heilkraut verwendet, was der Pflanze ihren botanischen Namen Achillea eingebracht hat.

Man unterscheidet bei der Schafgarbe eine Vielzahl verschiedener Arten. So gibt es beispielsweise silbergraue, weiß blühende Kleinpflanzen, goldgelbe wuchtige Staudenbüsche, rot blühende Pflanzen, immergrüne oder einziehende Arten sowie Frühlings-, Sommer- und Dauerblüher. Ein Beispiel für eine weiß blühende Garbe ist die Achillea ptarmica (rechts oben), die auch Bertram-Schafgarbe oder Sumpf-Schafgarbe genannt wird.

Im Steingarten bevorzugt diese Art einen sonnigen Standort und einen frischen Boden. Innerhalb der

20–70 cm

IV–IX

Achillea ptarmica gibt es verschiedenen Sorten. Neben 'Major', 'Die Perle' oder 'Nana Compacta' ist 'Schneeball' besonders dekorativ. Diese gefüllte Gartenform blüht über mehrere Monate, etwa von Juni bis September. Sie wird zwischen 25 und 70 cm hoch. Ihre strahlend weißen, kugelförmigen Blütenstände erinnern an kleine Pompons oder Schneebälle.

Aconitum

Eisenhut

Diese Pflanze aus der Familie der Hahnenfußgewächse (Ranunculaceae) wird aufgrund ihrer helmartigen Blütenform als 'Eisenhut' oder 'Sturmhut' bezeichnet und tritt mit etwa 80 verschiedenen Arten in der nördlichen Hemisphäre auf. Die wildlebenden Eisenhutarten, die alle unter Naturschutz stehen, kommen in den Bergregionen Europas vor, wo sie in Gebirgswäldern, an Wegen, Bachufern und feuchten Wiesen zu finden sind. Aufgrund seiner ausgesprochenen Schönheit ist der Eisengut aber auch als Zierpflanze beliebt.

Für den Steingarten eignet sich der Eisenhut besonders als Rand- und Hintergrundbepflanzung, da er mit bis zu 2,5 m Höhe zu den größeren Steingartengewächsen gehört. Er bevorzugt einen kräftigen Lehm-Humusboden und einen sonnigen bis halbschattigen Standort, wo er lange und ungestört stehen möchte.

Giftige Geschichte

Der griechischen Sage nach entspross der Eisenhut aus dem Geifer des dreiköpfigen Höllenhundes Kerberos, der von Herkules aus der Unterwelt geholt wurde. Diese für ein äußerlich so attraktives Gewächs nicht besonders sympathische Entstehungsgeschichte rührt wohl daher, dass die Pflanze zu den giftigsten Pflanzen Europas gehört. Bereits im Altertum war Aconitin eines der am häufigsten gebrauchten Mordgifte. Außerdem wurde das Gift von vielen Kulturen als Pfeilgift bei der Jagd verwendet.

Besonders beliebt ist der Aconitum napellus (Blauer Eisenhut) mit seinen intensiv blauen bis blauvioletten Blüten, der etwa 50 bis 100 cm hoch wird und von Juni bis August blüht. Auch sehr dekorativ sind der hellgelbe Aconitum lamarckii (Pyrenäeneisenhut), der von Juli bis August blüht, und der ebenfalls gelb blühende Aconitum vulparia (Gelber Eisenhut). Beide machen sich besonders gut am Wasserlauf oder Gewässerrand. Die amethystblauen Blüten des Aconitum wilsonii (Herbsteisenhut) blühen von August bis Oktober.

50–250 cm

VII–X

Adiantum pedatum

Pfauenradfarn

20–60 cm

Adiantum pedatum, Pfauenradfarn oder auch Hufeisenfarn genannt, gehört zur Familie der Frauenhaarfarngewächse (Adiantaceae). Die botanische Bezeichnung „Adiantum" (griechisch „a" als Verneinung, „dianein" für benetzen) drückt aus, dass Wassertropfen an den Rändern der Fieder abfließen, „pedatum" bezeichnet die fußförmigen Blattabschnitte.

Dieser fast tropisch anmutende Farn ist winterhart, allerdings sollte man seine Triebe gegen Spätfröste schützen. Seine Heimat ist Nordamerika (sogar Alaska), Ostasien und der Himalaja. Er ist nicht besonders anspruchsvoll, bevorzugt zwar feuchte Humusböden, kommt aber auch mit Sandboden zurecht.

Der Pfauenradfarn hat hellgrüne, fächerförmige Wedel, die im Herbst eine schöne goldgelbe Färbung annehmen. Er kommt in halbschattigen Partien größerer Steingärten besonders gut zur Geltung. Als Nachbarn eignen sich Schattengräser sowie die bunten Zwiebelpflanzen des Frühjahrs.

Bei der Sorte 'Aleuticum', auch 'Imbricatum' genannt, handelt es sich um eine Miniaturausgabe des Adiantum pedatum. Hier erreichen die bläulichgrünen Wedel nur eine Höhe von 20 cm. Trotz seiner Zierlichkeit ist dies ein robuster Farn, der sich besonders für kleinere Steingärten eignet.

Aethionema

15–30 cm

IV–VII

Steintäschel

Aethionema, auch Steintäschel oder Steinkresse genannt, gehört zur Familie der Kreuzblütler (Brassicaceae, Cruciferae) und kommt ursprünglich in Felsspalten, Geröllhalden oder steinigen Steppen in Vorderasien vor.

Damit eignen sich Aethionema-Arten hervorragend für den Steingarten und können dort ähnliche Plätze einnehmen wie in der freien Natur, zum Beispiel locker eingestreut zwischen Polsterpflanzen und Geröllbrocken oder in Spalten. Aber auch in Trögen machen sie sich gut.

Die immergrünen Halbsträucher werden etwa 15 bis 30 cm hoch und tragen bläulich schimmernde, schmale Blättchen, die einen schönen Kontrast zu den Blütentrauben bilden, die je nach Art und Sorte meist rosa, aber auch rot, lila oder weiß sein können. Die Blütezeit liegt zwischen April und Juli.

Aethionema bevorzugt einen Standort in voller Sonne und gedeiht am besten auf trockenem, sandigem Kalkboden. Im Allgemeinen ist die Pflanze recht pflegeleicht, sie reagiert allerdings empfindlich auf zuviel Feuchtigkeit und sollte daher gegebenenfalls in den Wintermonaten vor Nässe geschützt werden.

Beliebte Arten:

- AETHIONEMA ARMENUM: Diese Art wird auch Armenisches Steintäschel genannt und trägt ihre rosa Blüten von Mai bis Juni. Die Pflanze wird etwa 15 bis 20 cm hoch. Beliebte Sorten dieser Art sind die rosa blühende 'Warley Rose' und die dunkelrosa blühende 'Warley Ruber'.

- AETHIONEMA GRANDIFLORUM: Die besonders großen, rosafarbenen Blüten dieser Art, die auch als Persisches Bergtäschel oder Großblumiges Steintäschel bezeichnet wird, sind von Juni bis Juli zu sehen. Die Pflanze erreicht eine Höhe von ca. 15 bis 30 cm und hat graugrüne Blätter. Diese Art ist ebenfalls in den Sorten 'Warley Rose' und 'Warley Ruber' erhältlich.

- AETHIONEMA IBERIDEUM: Diese Art trägt ihre weißen Blüten von Juni bis Juli und wird etwa 10 bis 15 cm hoch.

- AETHIONEMA SCHISTOSUM: Diese beliebte Unterart des Steintäschels trägt weiße Blüten. Sie erreicht eine Höhe von etwa 15 cm.

Ageratum

Leberbalsam

Ageratum, auch als Leberbalsam bezeichnet, ist eine besonders ausdauernd blühende Pflanze, mit deren bunten Blüten man über einen langen Zeitraum für fröhliche, farbige Akzente im Steingarten sorgen kann.

Die Pflanzen sind von aufrechtem, aufsteigendem oder polsterbildendem Wuchs und tragen ovale bis lanzenförmige, mittelgrüne Blätter. Die dicht beieinander stehenden, kleinen Strahlenblüten, die wie bürstenartige Büschel wirken, sind von Mai bis Oktober zu bewundern. Sie leuchten je nach Sorte in blau, violett, weiß oder rosa und können wie eine geschlossene, samtene Farbdecke aussehen. Der Leberbalsam erreicht eine Höhe von 10 bis 80 cm.

Ageratum bevorzugt einen sonnigen bis halbschattigen Standort und einen feuchten, humosen, lockeren Boden. Bei höheren Sorten sollte man Verblühtes entfernen, um die Bildung von neuen Blüten zu fördern. Für den Steingarten eignen sich die niedrigeren Sorten von Ageratum houstanium besonders, da sie nur etwa 15 bis 20 cm hoch werden. Beliebt sind dabei zum Beispiel die mittelblau blühende 'Blaue Donau', die hellblau blühende 'Blue Mink' oder die weiß blühende 'Hawaii White'.

Alchemilla

Frauenmantel

20–60 cm

VI–VIII

Alchemilla, auch Frauenmantel genannt, ist eine sehr artenreiche Gattung in der Familie der Rosengewächse (Rosaceae).

Die gelbgrünen Blüten der Pflanze, die zwischen Juni und August zu sehen sind, wirken eher unscheinbar. Dafür zeichnet sich der Frauenmantel durch besonders dekorative, mattgrüne, breitflächige Blätter aus, die in ihrer Form an einen Mantel erinnern. Daher, und auch weil der Pflanze eine medizinisch nicht erwiesene Heilkraft bei Frauenleiden nachgesagt wird, erklärt sich die Bezeichnung „Frauenmantel“.

Eine weitere Besonderheit der Pflanze ist, dass Wassertropfen von Regen oder Tau auf den Blättern und an den Blatträndern hängen bleiben und dabei schimmern wie Glas. Selbst bei trockenem Wetter, wenn kein Wasser von außen an die Pflanze dringt, sondert sie bei hoher Luftfeuchtigkeit selbst Wasser in kleinen Tropfen ab, die auch Guttationstropfen genannt werden. Das wirkt, als wäre sie mit kostbaren Kristallen bedeckt. Diese Besonderheit hat ihr wahrscheinlich den botanischen Namen Alchemilla eingebracht, denn im Mittelalter sollen Alchimisten diese Wassertropfen für kostbar gehalten und für ihre Experimente verwendet haben.

Alchemilla bevorzugt einen sonnigen bis halbschattigen Platz und einen nährstoffreichen, frischen, feuchten Boden. Zwei bekannte und für den Steingarten geeignete Arten sind:

- ALCHEMILLA MOLLIS: Diese Art wird auch als „Weicher Frauenmantel“ bezeichnet. Sie eignet sich gut als Bodendecker und kann im Steingarten als Rabattenabschluss verwendet werden. Sie kann zwischen 20 und 60 cm hoch werden und trägt ihre gelblich-grünen Blüten zwischen Juni und Juli.

- ALCHEMILLA SPLENDENS: Diese auch als „Schimmernder Frauenmantel“ oder „Glänzender Frauenmantel“ bezeichnete Art trägt ebenfalls gelblich-grüne Blüten.

Allium

Lauch

Die Pflanzengattung Allium, der Lauchgewächse, ist mit etwa 280 Arten über die ganze Welt verstreut. Ihr Vorkommen erstreckt sich vom Flachland bis ins Gebirge. Das Erscheinungsbild ist sehr unterschiedlich: Es gibt Arten von 10 cm Höhe, aber auch von bis zu 1,5 m Höhe, wie den aus dem Himalaja stammenden Riesenlauch (Allium giganteum). Auch die Blütenfarben variieren: Es gibt sowohl gelbe als auch rosafarbene, blaue, violette oder weiße Arten.

Der aus Ostspanien und Südfrankreich stammende, gelb blühende Goldlauch Allium 'moly' (oben) ist ein sehr beliebter Vertreter dieser Gattung. Diese kleinere Art wird nur 20 bis 45 cm hoch. Aus rundlichen Zwiebeln entspringen die an Tulpenblätter erinnernden, grüngelben Blätter. Die Blütenstiele werden 15 bis 35 cm lang. Von Mai bis Juni erscheinen die Dolden mit vielen leuchtend gelben, sternförmigen Blüten.

Der Goldlauch wächst an allen Standorten, sowohl in der Sonne als auch im Schatten. Absonnige oder leicht beschattete Plätze sind allerdings von Vorteil, denn in voller Sonne verbrennen leicht die Blattspitzen. Daher eignet sich der Goldlauch gut zum Unterpflanzen von Gehölzen, wo er auch gern verwildert. Eine besonders schöne Art ist die Allium christophii (unten), der Sternkugellauch.

Der Gärtnertipp

Zierlauch lässt sich sehr gut mit anderen Pflanzen kombinieren. Den ganzen Sommer über kann man die Blütenpracht des Zierlauchs genießen, wenn man frühe, mittlere und späte Arten zusammenpflanzt.

10–150 cm

IV–IX

Allium schoenoprasum

20–30 cm

V–VIII

Schnittlauch

Der Schnittlauch ist allseits als Küchenkraut bekannt und beliebt; frisch geerntet findet er beispielsweise zu Salaten, Suppen, Quark oder Eiern Verwendung. Die in fast ganz Europa heimische Pflanze kann aber auch schon ein wenig zu den Ziergewächsen dieser Art gezählt werden, denn die grasartigen Büschel tragen ab Mai wunderschöne, tiefviolette bis dunkelrosa Blütendolden.

Schnittlauch ist sehr einfach zu kultivieren. Er bevorzugt einen nährstoffreichen, feuchten Boden in Sonne bis Halbschatten. Eine interessante Möglichkeit, Schnittlauch im Steingarten zu ziehen, ist die Anlage einer Kräuterspirale. Auf diese Weise erhält man ein wertvolles Biotop für Gartennützlinge – und einen schönen Blickfang.

Der Gärtnertipp

Wenn man den Schnittlauch als Gewürz verwenden will, sollte man auf seine Blütenkugeln verzichten und sie rechtzeitig entfernen, denn sie kosten die Pflanze unnötige Kraft.

Dekorative Schnittlauchsorten sind 'Corsican White', eine weiß blühende, kleinwüchsige Sorte, und 'Forescate', eine rot blühende Sorte von 25 cm Höhe.

Neben dem Schnittlauch wird neuerdings auch eine Kreuzung aus Schnittlauch und Knoblauch angeboten. Diese etwa 50 cm hohe Kreuzung ist nicht nur gesund in Suppen und im Kräuterquark, sondern hält auch unliebsame Schädlinge wie Erdflöhe und Blattläuse fern.

Alyssum saxatile

Felsen-Steinkraut

Zu den beliebtesten Steingartenpflanzen überhaupt gehört die Polsterstaude Alyssum. Die in Europa und Vorderasien heimische Pflanze wächst in der Natur auf Kalksteinklippen; im Garten gedeiht sie auf Geröllpartien ebenso gut wie zwischen den Steinen einer Trockenmauer. Hier bildet sie schöne Polster mit kleinen, graugrünen Blättern, die zur Blütezeit fast vollständig durch ihren leuchtend gelben Flor verdeckt werden.

Doch auch außerhalb der Blütezeit bieten die Halbsträucher einen hübschen Anblick, denn die meisten Steinkraut-Arten bleiben immergrün. Zu besonders buschigem Wachstum lassen sich die Pflanzen anregen, wenn man nach der Blüte ihre Triebspitzen abkneift.

Den größten Bekanntheitsgrad unter den Steinkraut-Arten besitzt Alyssum saxatile, das Felsen-Steinkraut, oder auch Frühlingssteinrich genannt. Vor allem die Farbintensität seiner Blüten macht es zu einem wichtigen Element in der bunten Palette vieler Gärten. Geeignete Nachbarpflanzen sind beispielsweise Blaukissen, Gänsekresse und Polsterphlox.

Beliebte Arten:

- CITRINUM: Charakteristisch für diese Sorte sind die hell schwefel- bis zitronengelben Blüten.

- COMPACTUM: Wie der Name schon sagt, ist dies eine kompakt wachsende Sorte, die nur ca. 20 cm hoch wird. Die Blüten sind goldgelb.

- PLENUM: Bei dieser Sorte sind die ebenfalls goldgelben Blüten dicht gefüllt.

- VARIEGATUM: Hier haben die Blätter einen gelblich-weißen Rand; die Blüten sind gelb.

15–40 cm

IV–VI

Anemone

10–120 cm

III–X

Anemone

Die Anemonen oder auch Windröschen gehören zur Familie der Hahnenfußgewächse (Ranunculaceae), deren etwa 100 Arten vor allem auf der nördlichen Welthalbkugel und dort meist in den gemäßigten Klimazonen Asiens zu finden sind. Sie sind zu beliebten Zierpflanzen in mitteleuropäischen Gärten geworden, die sie je nach Art und Sorte zu verschiedenen Zeiten mit ihrer zarten Blütenpracht schmücken.

Der Name Anemone kommt von „anemos“, dem griechischen Wort für Wind. In der griechischen Mythologie war Anemona eine Nymphe am Hof der Göttin Flora. Als sich deren Mann, der Windgott Zephyr, in Anemona verliebte, wurde sie von der eifersüchtigen Ehefrau Flora in eine Blume verwandelt, die seitdem den Namen Anemone trägt. Die zarten Blüten bewegen sich schon beim kleinsten Windhauch.

Symbol der Unschuld

Die eher zerbrechlich wirkenden Blumen sind von jeher das Symbol für Unschuld, Vertrauen, Vergänglichkeit und Verletzlichkeit. Doch dieser Schein trügt, denn Anemonen sind eigentlich eher anspruchslose und pflegeleichte Pflanzen und eignen sich somit auch perfekt für Steingärten.

ANEMONE BLANDA (rechts): Die Anemone blanda, auch Balkan-Windröschen oder Strahlenanemone genannt, gehört zu den Frühjahrsblühern unter den Anemonen und trägt ihre Blüten bereits von März bis April. Je nach Sorte variiert die Blütenfarbe. So gibt es zum Beispiel 'Radar' mit leuchtend karminroten Blüten, 'White Splendour' mit großen, weißen und sehr robusten Blüten oder 'Atrocoerulea' mit großen blauen Blüten. Die Blätter sind stark geteilt und liegen auf dem Boden auf. Die Pflanze wird bis zu 20 cm hoch und gehört somit zu den Kleinstauden. Am besten gedeiht sie in lockerem, sandig-humosem Boden an einem halbschattigen Standort.

ANEMONE JAPONICA: Diese auch als Japan- oder Herbstanemone bezeichnete Pflanze bevorzugt halbschattige Standorte und humose, frische Böden. Ihre Blütezeit liegt zwischen August und Oktober. Typisch sind die langen, stabilen Blütenstiele, mit denen sie im Spätsommer hell aus dem Halbschatten herausleuchtet. Diese Stauden können bis zu 120 cm hoch werden. Die Anemone japonica blüht in weiß, silbrigrosa, purpurrot, dunkelrosa und rosarot, teilweise mit halbgefüllten Blüten. Bekannte Sorten sind die weiß blühende 'Honorine Jobert' oder die purpurrot blühende 'Prinz Heinrich'.

Antennaria dioica

5–15 cm

V–VI

Katzenpfötchen

Die Heimat der silberlaubigen Katzenpfötchen liegt in den gemäßigten und sogar arktischen Zonen der Erde. Die Pflanze wächst auf Magerrasen, in Kiefernwäldern und im Gebüsch. Sie liebt basen- und stickstoffarme, sandige Böden. Auf entkalktem Lehm wächst sie selten. Der Name Katzenpfötchen bezieht sich auf die weiche Behaarung vor allem des Blütenstandes.

Sie ist eine alte Heilpflanze, die unter anderem Bitter- und Gerbstoffe enthält. In der Volksheilkunde werden die Blüten wegen ihrer harntreibenden Wirkung als Nieren- und Blasentee, aber auch bei Gicht und Gallensteinen verwendet.

Das Katzenpfötchen ist ein kleiner Bodendecker, den man häufig in Steingärten findet. Auffallend ist das silbrige Laub, das an sonnigen Standorten besonders gut zur Geltung kommt und dichte Teppiche bildet.

Antennaria sind ausdauernd und mehrjährig (voll frosthart). Sie bilden zierliche, strohblumenähnliche Blütendolden. Eine bewährte Art ist die weiß blühende Antennaria dioica. Die Sorten 'Glande', 'Rubra' und 'Nywood' blühen in verschiedenen Rottönen.

Katzenpfötchen bevorzugen einen eher trockenen Standort auf feinem Geröll und in voller Sonne. Zu groß gewordene Matten sollte man im Frühjahr abstechen, verblühte Blütenstände abschneiden. Geeignete Pflanzennachbarn sind Hauswurz, Sonnenröschen, Nelken und Cotula.

Aquilegia

10–70 cm

IV–VIII

Akelei

Diese zur Familie der Hahnenfußgewächse (Ranunculaceae) gehörende Pflanze ist in mehreren Arten in Mitteleuropa heimisch. Aufgrund der auffälligen, nickenden Blütenform werden Akeleigewächse im Volksmund auch als Zigeunerglocken, Teufelsglocken, Kaiserglocken, Narrenkappen oder Tintenglocken bezeichnet.

Die lateinische Bezeichnung „Aquilegia“ leitet sich vom lateinischen Wort für Adler, „aquila“, ab, was wahrscheinlich darauf zurückzuführen ist, dass der gekrümmte Sporn dem Schnabel oder den Krallen eines Adlers ähnelt.

Im frühen Mittelalter wurden die Blüten und Samen der Pflanze als Heilmittel gegen Geschwüre, Ausschläge und Krebs angewandt, in der Renaissance galt Akelei als Aphrodisiakum. Für den Steingarten eignen sich die kleinwüchsigen Arten besonders gut.

Dabei wirken sie besonders schön in kleinen Felsspalten oder am Fuß eines Felsens. Am besten gedeiht die relativ anspruchslose Akelei an einem halbschattigen Platz auf frischem und lockerem Boden. Oft sät sie sich selbst aus.

Beliebte Arten:

- AQUILEGIA ALPINA: Diese auch Alpen-Akelei genannte Staude kommt auf Gebirgshängen und Gebirgswiesen in den Hochalpen vor und wird etwa 20 bis 70 cm hoch. Sie trägt ihre dunkelblauen Blüten von Juni bis August.

- AQUILEGIA BERTOLONII: Da diese Art nur etwa 10 cm hoch ist, wird sie auch als Zwerg-Akelei bezeichnet. Sie trägt ihre blauen Blüten von April bis in den Mai. Durch ihre geringe Größe eignet sie sich besonders gut für Steingärten.

- AQUILEGIA EINSELEANA: Diese Zwerg-Akelei wird etwa 20 cm hoch und ist sehr zierlich. Ihre dunkelblauen bis blauvioletten Blüten kann man von Juni bis Juli bewundern.

- AQUILEGIA DICOLOR: Diese spanische Zwerg-Akelei zeigt ihre hellblauen und weißen Blüten von Mai bis Juni.

- AQUILEGIA FLABELLATA: Diese Art bleibt mit etwa 10 bis 15 cm relativ klein und zählt ebenfalls zu den Zwerg-Akeleien. Sie trägt ihre weiß-blauen Blüten von Mai bis Juni. Die Sorte 'Nana Alba' blüht weiß.

Arabis caucasica

10–20 cm

IV–V

Gänsekresse

Die Gänsekresse ist in den Gebirgen des östlichen Mittelmeergebietes bis zum Kaukasus verbreitet. Als einer der frühesten Blüher in unseren Gärten gehört sie zu den schönsten Polsterstauden im Frühling. Schon im April und Mai bedeckt sie ganze Flächen mit weißen Blütenpolstern.

Arabis ist eine klassische Steingartenpflanze. Sie wird nur etwa 20 cm hoch, bedeckt aber große Flächen oder bildet lange Kaskaden. Sie wächst auf Mauern, in Fugen, zwischen Kies, Stufen oder Terrassenplatten – überall dort, wo etwas zugedeckt oder überwuchert werden soll. Es lassen sich mit ihr auch sehr schön Wege einfassen.

Zwar liebt die Gänsekresse volle Sonne, aber auch Halbschatten wird gut vertragen. Dann fällt der Flor allerdings nicht so üppig aus und die Pflanzen wachsen weniger kompakt.

Von der Gänsekresse gibt es verschiedene Arten und Sorten. Die bekannteste, Arabis caucasica, hat weiße oder rosa

Blüten. Die Sorte 'Schneehaube' hat weiße Blüten, bei 'Compinkie' sind sie dunkelrosa. Gänsekresse wird oft zusammen mit Polsterphlox, Blaukissen, Nelken und Steinkraut gepflanzt. Nach der Blüte empfiehlt sich ein Rückschnitt der Pflanzen.

Armeria

5–30 cm

V–VII

Grasnelke

Diese Pflanze gehört zur Familie der Bleiwurzgewächse (Plumbaginaceae). Besonders attraktiv wird diese Pflanze durch ihre immergrünen Blattschöpfe. Ihre je nach Art grasähnlichen oder nadelartigen Blätter bilden dichte grasartige Polster. Zur Blütezeit in den Monaten Mai bis Juli werden diese Laubkissen dann über und über mit kurzgestielten kleinen Blüten in weiß oder rosa bedeckt.

Die Grasnelken gedeihen besonders gut auf trockenen salzhaltigen Sandböden, auf Felssimsen und Steinmauern. Diese

Anspruchslosigkeit macht sie so beliebt und prädestiniert sie geradezu für den Steingarten. Hier machen sie sich gut auf Schotterbeeten oder in Ritzen und Fugen. Als Pflanzennachbarn eignen sich Hauswurz, Steinbrech, Enziane und Nelken.

Die Pflanze fühlt sich an einem sonnigen Standort wohl. Zuviel Nässe kann ihr eher schaden als Trockenheit, daher sollte sie gegebenenfalls zu besonders regenreichen Zeiten geschützt werden, beispielsweise mit einer Folie. Auf nicht zu fetter Erde kann sie mehrere Jahre alt werden. Durch Teilung lassen sich überalterte Pflanzen wieder verjüngen.

Beliebte Arten:

- ARMERIA JUNIPERIFOLIA: Diese auch als Zwerg-Grasnelke bezeichnete Pflanze wird nur etwa 5 cm hoch. Je nach Sorte variiert die Blütenfarbe von weiß bis hin zu verschiedenen Rosanuancen. Bekannte Sorten sind zum Beispiel die weiß blühende 'Alba' oder die dunkelrosa blühenden 'Rubra' und 'Suendermannii'.

- ARMERIA MARITIMA: Diese Art kommt ursprünglich auf Salzwiesen und Klippen an europäischen Küsten vor. Sie bildet grasartige Polster und wird etwa 15 cm hoch. Auch hier ist die Farbe der Blüten von der Sorte abhängig. 'Alba' trägt weiße Blüten, 'Düsseldorfer Stolz' dunkelrosa, 'Vesuv' rote.

Asphodeline lutea

80–100 cm

V–VI

Junkerlilie

Die Asphodeline gehört zur Familie der Liliengewächse (Liliaceae) und ist ursprünglich auf sonnigen, trockenen Steinhängen im Mittelmeerraum beheimatet. Dies spricht natürlich dafür, dass sich diese Pflanzenart auch bestens für Steingärten eignet.

Die bekannteste und im Steingarten besonders beliebte Art der Junkerlilie ist die Asphodeline lutea. Sie macht sich besonders gut in größeren Gärten, da sie sich zu einer stattlichen Höhe von 80 bis 100 cm entwickeln kann.

Man pflanzt sie daher auch besser an den Rand, wo sie sich gut ausbreiten und ihre ganze Pracht entfalten kann. Ideal ist ein Sonnenhang oder ein anderer vollsonniger Standort mit nährstoffreichem Boden.

Die Pflanze hat schmale, dreikantige, blaugrüne Blätter, die bis zu 30 cm lang werden können. In der Blütezeit von Mai bis Juni zeigt die Junkerlilie ihre gelben, aufrecht stehenden, sternförmigen Blüten, die traubenförmig angeordnet sind. Auch im Herbst wirkt die Pflanze durch ihre Fruchtstände mit kugeligen Samen sehr attraktiv.

Asplenium trichomanes

15–30 cm

Braunstieliger Streifenfarn

Asplenium trichomanes, der auch Braunstieliger Streifenfarn oder Steinfeder genannt wird, gehört zur Familie der Streifenfarngewächse (Aspleniaceae) und tritt in einer Vielzahl verschiedener Arten auf der ganzen Welt auf.

Im Steingarten sorgen Farne durch ihr ansprechendes Äußeres für eine tropische Stimmung. Man kann sie flächig pflanzen oder zwischen Felsen und Mauerspalten setzen. Dafür eignen sich die kleineren Arten, wie zum Beispiel Asplenium trichomanes, besonders gut.

Dieser Farn kommt in der gemäßigten und subarktischen Zone an feuchtschattigen Felsen, Hängen oder Baumstümpfen vor. Er hat einfach gefiederte, mattgrüne und ausdauernde Wedel mit rundlichen Blättchen und glänzend schwarz-braunen Stielen. Er wird etwa 15 bis 30 cm hoch.

Wie die meisten Farne bevorzugt der Streifenfarn einen halbschattigen bis schattigen Standort. Was die Bodenbeschaffenheit angeht, ist er nicht besonders anspruchsvoll, gedeiht allerdings in kalkhaltigem, lehmig-humosem Boden besonders gut.

Bekannte Sorten sind zum Beispiel 'Ramo Cristatum' oder 'Incisum'.

Aster dumosus

15–50 cm

IX–X

Kissenastern

Die Astern sind eine weltweit verbreitete und sehr artenreiche Pflanzengattung aus der Familie der Korbblütengewächse (Asteraceae). Die lateinische Bezeichnung „Aster“ leitet sich von dem Wort „astrum“ ab, was soviel wie „Stern“ oder „Gestirn“ bedeutet. Damit wird auf die strahlenförmige Anordnung der Strahlen- beziehungsweise Zungenblüten verwiesen.

Bei der Vielzahl der Arten sind die Herbstastern besonders interessant, weil sie zwischen September und Oktober blühen und so den herbstlichen Steingarten mit ihrer Farbenpracht verschönern.

Je nach Art und Sorte wird die Staude 25 bis 50 cm hoch. Die Blüten bilden kugelförmige Kissen. Die Pflanze ist besonders pflegeleicht und gedeiht an fast jedem Standort, besonders gut jedoch in sonnigem Erdreich.

BELIEBTE SORTEN

- 'HERBSTPURZEL': Trägt kleine blaulila Blütenkugeln und wird nur 15 cm hoch.
- 'LADY IN BLUE': Blüht blau; bis etwa 30 cm hoch.
- 'ROSENWICHTEL': Hat dunkelrosa Blüten und erreicht eine Höhe von etwa 20 cm.
- 'HERBSTGRUSS VOM BRESSERHOF': Blüht rosa und wird mit 40 cm etwas höher als die vorgenannten.
- 'JENNY': Trägt violettpurpurne Blüten; bis 40 cm.
- 'KRISTINE': Blüht in weiß mit einer Höhe von 30 cm.

Astrantia

30–80 cm

V–IX

Sterndolde

Die Sterndolde gehört zur Familie der Selleriegewächse. In Europa reicht ihr Verbreitungsgebiet von Spanien über den Balkan bis zum Kaukasus. In den Alpen ist sie häufig bis in 2.000 m Höhe anzutreffen.

Ihre besondere Schönheit verdankt diese Wildstaude ihrem ungewöhnlichen, sternförmigen Blütenaufbau: Die vielen kleinen Einzelblüten sind eigentlich unscheinbar, werden aber von einem Kranz aus rosa-weißen, spitzen Hüllblättern wie von einer eleganten Halskrause umschlossen, der die Blüte wie einen Stern anmuten lässt.

Gelegentlich suchen Gartenbesitzer nach Pflanzen, die an etwas schattigeren Stellen lange leben und blühen. Hier bietet sich die Sterndolde an. Bei ausreichend feuchtem Boden wächst sie auch an einem nicht zu sonnigen Platz.

Zu unterscheiden ist zwischen der großen und der kleinen Sterndolde. Astrantia major wird 50 bis 80 cm hoch, die eher für kleinere Anlagen geeignete Astrantia minor nur ca. 30 cm. Es gibt verschiedene Sorten in zahlreichen Rosatönungen, weiß und dunkelrot. ‘Rosea’ beispielsweise ist eine ca. 70 cm hohe Hybri-

Ein bisschen Gartenpoesie…

In seinem Lehrgedicht „Die Alpen" beschreibt der Schweizer Botaniker Albrecht von Haller (1708–1777) die Sterndolde mit feinsinniger Lyrik: „Dort wirft ein glänzend Blatt, in Finger ausgekerbet, auf einen hellen Bach den grünen Widerschein. Der Blumen zarten Schnee, den matter Purpur färbet, schließt ein gestreifter Stern in weiße Strahlen ein."

de mit rötlicher Blüte, die sich auch für feuchtere Standorte eignet, und auch 'Primadonna' ist eine rot blühende Sorte.

Athyrium filix-femina

Waldfrauenfarn

Die verschiedenen Arten des Frauenfarns kommen weltweit in Feuchtwäldern der gemäßigten und tropischen Regionen vor. Eine besonders dekorative und für den Steingarten gut geeignete Art ist Athyrium filix-femina, die auch unter der Bezeichnung Waldfrauenfarn bekannt ist.

Besonderen Zierwert hat Athyrium filix-femina durch seine meist lanzettlichen, 2- bis 3-fach gefiederten, hellgrünen Wedel. Er kann zu imposanten Gestalten von 40 bis zu 70 cm Höhe heranwachsen. Besonders gut gedeiht der Waldfrauenfarn an einem halbschattigen bis schattigen Standort.

Auf frischem Boden fühlt er sich sehr wohl; trockene Bedingungen verträgt er schlecht. Im Steingarten eignet er sich gut zur Vor-, Unter- oder Zwischenpflanzung sowie für Wasserbecken oder Bachläufe. Farne sind geradezu unschlagbar, wenn es darum geht, die schattigeren Stellen, auf denen nicht soviel gedeiht, zu begrünen und etwas lebhafter zu gestalten.

Beliebte Sorten des Waldfrauenfarns sind 'Frizelliae', eine ca. 20 bis 30 cm hohe Pflanze mit rundlichen Fiedern, die auch als Wendeltreppenfarn bezeichnet wird, 'Minutissimum', eine verkleinerte Ausgabe der Art, die auch nur 30 cm hoch wird, oder 'Rotstiel' mit auffallend roten Stielen und Mittelrippen.

Aubrieta-Hybriden

Blaukissen

Aubrieta gehört zur Familie der Kreuzblütler (Brassicaceae) und stammt ursprünglich aus den Bergregionen Süd- und Osteuropas sowie Vorderasiens. Ihren Namen hat die Pflanze von dem französischen Tier- und Pflanzenmaler Claude Aubriet, der sie im 17. Jahrhundert auf einer Entdeckungsreise mit einem Botaniker malte.

5–15 cm

IV–VI

Das Blaukissen bildet, wie der Name schon vermuten lässt, dichte, grüne Polster aus kleinen, spatelförmigen, grau behaarten Blättern, die etwa 5 bis 15 cm hoch werden. Ein besonders attraktives Merkmal der Aubrieta ist die überreiche Blütenfülle. Zur Blütezeit zwischen April und Juni machen die Blaukissen ihrem Namen alle Ehre. Dann sind sie üppig mit meist blauen und violetten, bei manchen Sorten auch roten oder rosafarbenen, Blüten übersäht.

Im Steingarten sorgt diese relativ früh im Jahr blühende Pflanze für wunderschöne Frühlingsfarben. Besonders beliebt ist sie zum Schmuck von Mauerkronen oder Trockenmauern. Als Pflanzennachbarn eignen sich andersfarbige Polsterstauden, wie

z.B. Schleifenblume, Polsterphlox und Steinkraut. Die Blaukissen gedeihen am besten an einem warmen, vollsonnigen Platz und auf durchlässigem, nährstoffreichem, kalkhaltigem Boden.

Neben den verschiedenen Arten der Blaukissen gibt es inzwischen auch eine große Auswahl an Aubrieta-Hybriden, welche auch eher im Handel erhältlich sind.

Beliebte Arten

- AUBRIETA GRACILIS: Diese zierliche Art wird etwa 5 cm hoch und trägt purpur-violette Blüten.

- AUBRIETA DELTOIDEA: Diese Art ist die Naturform für viele Hybriden. Sie blüht in rosa bis violettblau und erreicht etwa 10 cm Höhe.

- AUBRIETA-HYBRIDEN: Die Sorten 'Blue Emperor', 'Dr. Mules' und 'Schloss Eckberg' blühen blauviolett bis dunkelviolett und werden etwa 10 cm hoch. Die Sorte 'Silberrand' blüht lavendelblau und ihre Blätter sind hell gerandet. 'Red Carpet', 'Rosengarten', 'Rubinkissen' oder 'Feuervogel' tragen rosafarbene bis purpurrote Blüten.

Bellis perennis

Massliebchen

Das Maßliebchen gehört zur Familie der Korbblütler (Asteraceae) und ist in ganz Europa heimisch. Im Volksmund ist sie unter vielen verschiedenen Namen bekannt, zum Beispiel als Gänseblümchen, Augenblümchen, Marienblümchen oder Tausendschön. Der botanische Name leitet sich aus dem Lateinischen ab: „bellis“ heißt „schön“ und „perennis“ bedeutet soviel wie „ausdauernd“.

Die Wildform des Gänseblümchens wird in Gärten, besonders auf Rasen, oft als Unkraut betrachtet und ist auch für den Steingarten nicht so interessant wie die neueren Züchtungen. Darunter gibt es Sorten mit größeren Blüten, die gefüllt, weiß, rosa oder rot sein können und je nach Sorte zwischen März und September zu bewundern sind. Die Pflanzen erreichen eine Höhe von etwa 5 bis 20 cm.

Im Steingarten platziert man Bellis perennis am besten in Gruppen auf kleinen Flächen oder zwischen Pflastersteinen. Sie eignen sich auch für die Bepflanzung von Steintrögen. Das Maßliebchen bevorzugt einen sonnigen bis halbschattigen Standort und einen feuchten, nährstoffreichen Boden.

Bekannte Sorten sind zum Beispiel 'Robella', 'Habanera', 'Pomponette', 'Rob Roy' oder 'Dresden China'.

5–20 cm

III–IX

Berberis

Sauerdorn

Der Sauerdorn, oder auch Berberitze, ist ein bis zu etwa 2 m hoher, dorniger Strauch. Die winterharte Pflanze wird wegen ihrer glockenförmigen Blüten und ihrer Früchte kultiviert. Die gelben Blüten bilden 5 bis 7 cm lange, hängende Trauben. Die reifen Früchte sind fleischig, blutrot gefärbt und von stark saurem Geschmack. Es gibt aber auch zahlreiche Züchtungen mit anderen Merkmalen (z.B. weiße Früchte oder dunkelrote Blätter). Vor allem Blätter und Rinde des Sauerdorns enthalten giftige Alkaloide.

Als sommer- und immergrünes Laubgehölz bringt die Berberitze zusammen mit den Koniferen auch im Winter Leben in die Anlage. Für den Steingarten eignen sich vor allem die Arten und Sorten, die unter 2 m Wuchshöhe bleiben. Teilweise sind dies Zwergsträucher, die mit 30 cm bereits ihre Endgröße erreicht haben.

BERBERIS BUXIFOLIA ‘NANA’ (oben): Die buchsbaumblättrige Berberitze bildet einen kleinen, rundlichen Strauch, der kaum höher wird als 50 cm. Ihre gelben bis orangefarbenen Blüten erscheinen meist erst nach mehreren Standjahren. Die Sorte ist sehr genügsam und vielseitig. Sie eignet sich ideal zur Anpflanzung in der Nähe von Gehwegen.

30–200 cm

IV–VI

BERBERIS THUNBERGII (unten): Von Thunbergs Berberitze gibt es verschiedene Sorten. 'Atropurpurea Nana' wird 60 cm hoch; sie zeichnet sich durch purpurrotes Laub aus, das sich im Herbst karminrot verfärbt. Die Blüten sind gelb, die Früchte korallenrot – ein schöner Kontrast vor weißen Steingruppen. Die Sorte 'Green Carpet' erreicht eine Höhe von 100 cm; ihre grünen Blätter färben sich im Herbst orangerot, die zahlreichen Blüten sind gelb bis rötlich, die länglichen Früchte rosarot. 'Kobold' schließlich ist eine 40 cm hohe Sorte mit dunkelgrünen Blättern, die sich durch ihren besonders kompakten Wuchs auszeichnet.

Bergenia purpurascens

Bergenie

Die immergrünen Bergenien sind mit ihren großen, rundlichen, lederartigen Laubblättern das ganze Jahr über ein bemerkenswerter Schmuck in jedem Garten. Zudem sind sie relativ pflegeleicht und stellen nur geringe Ansprüche an den Boden. Diese Eigenschaft macht sie zu sehr beliebten Steingartengewächsen.

Diese attraktiven Stauden besitzen einen kräftigen, kriechenden Wurzelstock. Im Frühjahr, zwischen März und Mai, schieben sich dichte Trugdolden an den fleischigen Stängeln nach oben, die aus vielen, glöckchenförmigen Einzelblüten bestehen. Diese leuchten je nach Art und Sorte in den Farben Rot, Rosa oder Weiß.

Bergenien bevorzugen einen sonnigen bis halbschattigen Standort. Besonders gut gedeihen sie in humosem, feuchtem, gut durchlässigem Boden, kommen aber auch mit unwirtlicheren Bedingungen zurecht. Im Steingarten lassen sich die robusten Pflanzen beispielsweise gut als Bodendecker einsetzten.

Ein Beispiel für eine Bergenia-Art ist Bergenia purpurascens. Ihre dekorativen, tiefgrünen Blätter sind auf der Unterseite purpurrot; im Winter färben sie sich im Ganzen rötlich. Die ebenfalls purpurroten Blüten erscheinen von April bis Mai. Die Pflanze wird etwa 45 cm hoch.

30–50 cm

IV–V

Blechnum spicant

Rippenfarn

Blechnum spicant gehört zur Familie der Rippenfarngewächse (Blechnaceae) und kommt in Europa, Asien, Nordafrika und Nordamerika vor. In der freien Natur ist er in Rohhumusböden, an Bachläufen und quellfeuchten Stellen zu finden.

Farne sind sehr dekorative Gewächse, mit denen man besonders die schattigeren Plätze im Steingarten zieren kann. Sie gedeihen beispielsweise gut im Schatten von Steinen oder Gehölzen. Pflanzt man mehrere Exemplare einer Art in kleinen Gruppen, lassen sich ansprechende Bilder erzeugen.

Der immergrüne Rippenfarn zeichnet sich besonders durch seinen eleganten, aufrechten Wuchs und die grazilen Wedel aus. Die sterilen Wedel sind etwa 20 bis 40 cm hoch und bis 4 cm breit und einfach gefiedert. Sie sind dunkelgrün glänzend und wirken lederartig. Die Jungpflanzen bilden regelmäßige Rosetten, die flach aufliegen. Ältere Pflanzen entwickeln fertile Wedel, die sogar bis zu 70 cm hoch werden können.

Blechnum spicant gedeiht am besten an einem halbschattigen bis schattigen Standort. Er bevorzugt einen frischen, sauren, kalkfreien Boden und liebt hohe Luftfeuchtigkeit.

Briza media

20–60 cm

V–VIII

Zittergras

Eine der dekorativsten Pflanzen aus der Familie der Süßgräser (Poaceae) ist das Zittergras. Es gehört zu unseren heimischen Wiesengräsern und kommt in mehreren verschiedenen Arten in der europäischen Natur vor. Allerdings ist dieses ehemals häufige Ziergras bei uns inzwischen sehr selten geworden.

Die in lockeren Grashorsten wachsende Pflanze bildet im Mai und Juni bis zu 60 cm hohe Ähren. Bis in den August finden sich daran die schönen, braun-violetten, herzförmigen Rispen. Eine Blütenähre kann bis zu fünfzig Einzelblüten tragen. Seinen Namen verdankt das Zittergras der Tatsache, dass seine Blüten schon beim leisesten Lufthauch zu zittern scheinen.

Das Zittergras bevorzugt einen sonnigen Standort und einen trockenen, nährstoffarmen Boden. Das filigran wachsende Gras erzeugt im Steingarten ein abwechslungsreiches Bild. Schöne Pflanzennachbarn sind Polsterphlox, Zitronenthymian, verschiedene Heidesorten und andere Gräser. Eine mediterrane Art ist das Große Zittergras (Briza maxima). Es ist besonders großblütig und eignet sich auch ideal für Blumensträuße. Zum Trocknen sollte Zittergras vor der Reife geschnitten und aufrecht getrocknet werden.

Buddleia

200–400 cm

VI–X

Sommerflieder

Buddleja wird auch Sommerflieder oder Schmetterlingsstrauch genannt. Letzteren Namen trägt er, weil seine nektarreichen Blüten während des Sommers viele Schmetterlinge anlocken. Die Gattung umfasst etwa 100 verschiedene Arten zum Teil immergrüner Sträucher oder kleiner Bäume, die in Asien, Afrika sowie Nord- und Südamerika beheimatet sind.

Besonders beliebt sind die Pflanzen wegen ihrer langen Blütenstände aus winzigen, röhrigen, meist duftenden Blüten. Sie erscheinen je nach Art und Sorte zwischen Juni und Oktober, und ihre Farbpalette geht von Rosa und Violett über Orange bis Gelb.

Die Pflanze liebt sonnige Standorte und gut drainierte Erde. Der Schmetterlingsstrauch ist eine attraktive Dekoration für jeden Steingarten. Da er sehr hoch werden kann, sollte man ihn allerdings eher in großen Anlagen verwenden.

Eine bekannte und beliebte Sorte ist Buddleja alternifolia (links). Dieser Laub abwerfende Strauch hat schlanke, gebogene Triebe und lanzettliche, dunkelgrüne bis silbergrüne Blätter. Er wird etwa 400 cm hoch und trägt im Juni hellviolette Blüten. Die häufigere Art ist die Buddleja davidii (unten).

Calamintha

20–50 cm

V–IX

Grossblütige Bergminze

Calamintha, die auch als Bergminze, Steinquendel oder Kölle bezeichnet wird, gehört zur Familie der Lippenblütler (Labiaceae). Sie kommt ursprünglich in trockenen Laubwäldern, auf Kalkfelsen und im Geröll der Gebirge Südwesteuropas und Kleinasiens vor.

Ihrem botanischen Namen Calamintha, der so viel wie 'Schöne Minze' bedeutet, macht sie alle Ehre, denn obwohl ihre eher kleinen Blüten nicht durch besondere Schönheit auffallen, bietet die gesamte Pflanze mit ihren kaum verzweigten, aufrechten Stauden und dem harmonischen Zusammenspiel von Laub und Blumen einen sehr attraktiven Anblick.

Für den Steingarten eignet sich zum Beispiel die Calamintha grandiflora, die auch Großblütige Bergminze oder Garten-Bergminze genannt wird, besonders gut. Sie wird etwa 50 cm hoch und blüht je nach Sorte zwischen Mai und September rosa bis purpurn.

Ihre Blätter verströmen einen aromatischen Minzduft. Die Blüten sitzen als lockere Trauben in den Blattachseln der Stängel und verbinden sich mit den Blättern zu einem lockeren Busch.

Die pflegeleichte Pflanze bevorzugt gut durchlässige Böden und sollte an einem sonnigen bis halbschattigen Platz stehen.

Man kann Calamintha grandiflora im Steingarten gut auf allen größeren Flächen anpflanzen. Sie wirkt sowohl auf Schotter- und Geröllbeeten als auch auf Trockenmauern und Terrassensimsen dekorativ.

Eine bekannte und beliebte Sorte dieser Art ist die 'Variegata' (unten). Sie trägt rosa Blüten und hat besonders fein weißgrün panaschiertes Laub, was einen dekorativen Kontrast bildet. Die Pflanze erreicht eine Höhe von 20 bis 40 cm.

Campanula

Glockenblume

Campanula, auch Glockenblume genannt, gehört zur großen Familie der Glockenblumengewächse (Campanulaceae) und ist ursprünglich in Felsspalten und Geröllhängen der europäischen Gebirge einschließlich der Karpaten und des Kaukasus beheimatet. Sowohl die deutsche Bezeichnung als auch der botanische Name Campanula, der aus dem Lateinischen kommt und ebenfalls Glocke bedeutet, beziehen sich auf die schöne Blütenform.

Die Pflanzen haben herzförmige bis lanzettliche Blätter, die bei einigen Arten dicht behaart sind. Die Blüte ist glockenförmig, manchmal

auch sternförmig und kann außer blau auch violett, weiß oder rosa sein. Je nach Art oder Sorte liegt die Blütezeit zwischen Mai und September.

Manche ausdauernden Campanula-Arten kommen in der freien Natur sogar in alpinen Steinschutt- oder Felshängen vor, was sie geradezu für den Steingarten prädestiniert. Dort finden sie auf vielfältige Weise Verwendung: So machen sie sich gut in Felsspalten, Plattenfugen, Mauerfugen, auf Mauerkronen oder auf Geröllfeldern. Sie bevorzugen einen sonnigen bis halbschattigen Standort und gedeihen gut auf einem durchlässigen, mäßig trockenen Boden. Ansonsten gehören die Glockenblumen zu den eher anspruchslosen und pflegeleichten Pflanzen. Man sollte allerdings auf Schnecken achten, die eine Vorliebe für Glockenblumen haben.

10–100 cm

V–IX

Beliebte Arten:

- CAMPANULA CARPATICA: Diese Art wird auch Karpaten-Glockenblume genannt. Sie wird bis zu 15 cm hoch und trägt große, offene Glockenblüten.

  Beliebte blau blühende Sorten sind 'Blaue Clips', 'Blaumeise' oder 'Karpatenkrone', bekannte weiß blühende Sorten sind 'Weiße Clips', 'Silberschale' oder 'White Star'.

- CAMPANULA GLOMERATA: Diese auch Knäuelglockenblume genannte Art kann bis zu 50 cm hoch werden; die Zwergsorte 'Acaulis' erreicht lediglich 15 cm und trägt dunkelblaue Blüten. 'Schneehäschen' und 'Schneekissen' blühen weiß.

- CAMPANULA PERSICIFOLIA (rechts): Diese Art wird auch Pfirsichblättrige Glockenblume genannt. Sie kann eine Höhe von 80 cm erreichen.

  Die Zwergform Campanula persicifolia f. nitida wird nur 15 bis 20 cm hoch und ist mit weißen oder blauen Blüten erhältlich.

- CAMPANULA PORTENSCHLAGIANA: Diese Art kommt aus Dalmatien und wird auch als Dalmatiner Glockenblume bezeichnet. Die Campanula Portenschlagiana wird etwa 10 bis 15 cm hoch. Eine bekannte Sorte ist die dunkelblau blühende 'Birch Hybrid' (siehe Foto Seite 97 unten).

Carex

Segge

Carex, auch Segge genannt, kommt in der Natur meist in Sümpfen, Mooren, Sumpfwäldern oder am Wasser vor. Die Pflanze wirkt durch ihre gemusterten oder farbigen Blätter besonders attraktiv. Bei einigen Arten haben auch die Blütenstände hohen Zierwert.

Die grasartige Staude trägt lange, schmale Blätter und einzelne gelbbraune Blütenähren. Je nach Art und Sorte können Seggen etwa 10 bis 150 cm hoch werden.

Eine sehr schöne Art ist Carex muskingumensis (rechts), die auch unter dem Namen Palmwedel-Segge bekannt ist. Die locker büschelige, Laub werfende Staude hat aufrechte Sprossen mit waagerecht abstehenden, schmalen, leuchtend grünen Blättern. Im Sommer, etwa von Juli bis August, trägt sie goldbraune bis rotbraune Ähren. Sie kann eine Höhe von etwa 60 bis 75 cm erreichen.

Carex muskingumensis bevorzugt einen sonnigen bis halbschattigen Standort und gedeiht am besten auf fruchtbarem, feuchtem Boden. Im Steingarten eignet sie sich als Bodendecker oder zur Unterpflanzung von höheren Pflanzen, die unten verkahlen. Besonders schöne Bilder erzielt man mit der Palmwedel-Segge als Uferpflanze an einem Teich.

60–75 cm

VII–VIII

Caryopteris

60–100 cm

VII–IX

Bartblume

Der Kleinstrauch Caryopteris gehört zur Familie der Eisenkrautgewächse (Verbenaceae) und ist ursprünglich in der Mongolei und in Nordchina beheimatet.

Die blauen bis violettblauen Blüten der Bartblume erscheinen von Juli bis September und bilden einen interessanten Kontrast zu den graugrünen, länglichen Laubblättern. Die Pflanze wächst breitbuschig und wird etwa 80 bis 100 cm hoch. Ein besonderes Merkmal der Bartblume ist der zitronige, würzig-aromatische Duft der Blätter.

Im Steingarten ist die Bartblume mit ihren hübschen blauen Blüten ein attraktiver Spätsommerblüher. Sie fühlt sich an einem sonnigen und windgeschützten Standort besonders wohl und bevorzugt einen leichten, durchlässigen Boden. In kalten Wintern können ihre Triebe zurückfrieren, sie treiben aber nach Rückschnitt im zeitigen Frühjahr wieder neu aus.

Eine der bekanntesten und wohl auch attraktivsten Züchtungen ist die Sorte 'Heavenly Blue'. Sie hat auffällige violettblaue Blüten und wird etwa 60 bis 100 cm hoch. Im Steingarten eignet sie sich besonders gut zur Bepflanzung von Rändern.

Centranthus ruber

30–70 cm

VI–IX

ROTE SPORNBLUME

Die Rote Spornblume gehört zur Familie der Baldriangewächse (Valerianaceae). Beheimatet ist sie im Mittelmeergebiet, in West- und Südeuropa, wo sie auf trockenen Plätzen und an sonnigen Straßenrändern wächst. Im Garten verbreitet sie somit mediterranes Flair und Urlaubsstimmung.

Besonders attraktiv ist die Spornblume durch ihre unermüdliche Blühfreude. Aus den blaugrünen Blättern der etwa 60 bis 70 cm hohen Pflanze erscheinen von Juni bis Juli dunkelrosarote, doldenförmige Blüten, wobei der Sporn doppelt so lang ist wie der Fruchtknoten. Sie wirken vor hellen Steinen besonders auffallend. Nach der ersten Blüte sollte man Spornblumen unbedingt zurückschneiden, denn damit fördert man das Nachblühen von August bis September.

Im Steingarten eignet sich die Spornblume ausgezeichnet für Trockenmauern. Sogar in den Ritzen von mörtelverfugten Mauern findet sie Halt und gedeiht. Sie bevorzugt einen sonnigen Standort und einen kalkhaltigen Boden. Als Nachbarn passen z.B. Katzenminze oder Mädchenauge, und zusammen mit grünen Polsterkissen lassen sich eindrucksvolle Bilder gestalten.

Zwei Spielarten der Spornblume sind die scharlachrote Sorte 'Coccineus' sowie die weiß blühende 'Albiflorus'.

Cerastium tomentosum

10–15 cm

V–VI

Hornkraut

Das zur Familie der Nelkengewächse (Caryophyllaceae) gehörende Hornkraut ist auf der ganzen Welt verbreitet und besonders zahlreich in Europa und Asien zu finden. Der Name Hornkraut ist wahrscheinlich auf die meist hornartig gekrümmten Fruchtkapseln zurückzuführen.

Die Pflanze treibt Ausläufer und ist stark wuchernd. Somit eignet sie sich hervorragend als Bodendecker. Durch die dichten silbergrauen Blätter wirkt sie wie ein Silberteppich, der in der Blütezeit von Mai bis Juni über und über mit zahlreichen weißen Blüten bedeckt wird. Der Blätterteppich wird meist nicht höher als 10 oder 15 cm, wobei die Pflanze allerdings stark in die Breite wachsen kann. Man sollte also bedenken, dass sie viel Platz braucht.

Für den Steingarten ist Cerastium tomentosum gut geeignet, da diese Art etwas gesitteter wächst als andere. Sie kommt ursprünglich aus Italien, wird etwa 10 bis 15 cm hoch und trägt weiße Blüten.

Man kann sie beispielsweise als Fugenfüller zwischen Gehwegplatten verwenden, und sie wirkt auch in Mauerfugen sehr dekorativ. Geeignete Pflanzennachbarn sind beispielsweise Glockenblumen, Ehrenpreis oder Polsterphlox. Das pflegeleichte Hornkraut bevorzugt einen vollsonnigen Standort und einen gut durchlässigen Boden.

Chamaecyparis

40–150 cm

III–V

Scheinzypresse

Neben den Zedern zählen die Scheinzypressen wohl zu den edelsten Nadelgehölzen. In der ostasiatischen Shinto-Religion ist der Hinoki, eine Zwergform der Chamaecyparis, sogar einer der fünf heiligen Bäume.

Durch Kreuzungen ist ein großer Formenreichtum dieser Gattung entstanden, worunter die niedrig bleibenden, breit wachsenden Arten für den Steingarten besonders attraktiv sind.

Allen Scheinzypressen gemeinsam sind die kleinen, weichen, keilförmigen Schuppenblätter. Diese sitzen an flachen, fächerförmig ausgebreiteten Zweigen und können je nach Art und Sorte unterschiedliche Färbungen aufweisen.

Bei der Chamaecyparis obtusa 'Nana', der Muschel-Scheinzypresse, sind die Schuppennadeln blaugrün, die Zweige muschelartig gewellt.

Andere bekannte Arten von Scheinzypressen sind beispielsweise Chamaecyparis pisifera (Sawara-Scheinzypresse oder Fadenscheinzypresse) oder die Lawsons Scheinzypresse. Diese hat kleine, weiche, keilförmige Schuppenblätter. Sie sitzen an flachen, fächerförmig ausgebreiteten Zweigen und können je nach Art und Sorte unterschiedliche Färbungen aufweisen. Bei der Chamaecyparis lawsoniana sind die Schuppennadeln goldgelb bis blaugrün.

Die Scheinzypresse blüht zwischen März und Mai. Ihre Wuchsform ist kugelig bis kegelförmig. Die niedrigeren Sorten, die sich besonders für den Steingarten eignen, werden etwa 40 bis 150 cm hoch, während die größeren Sorten bis zu 20 Meter hoch aufschießen können.

Die Pflanze liebt sonnige bis halbschattige Standorte auf gut durchlässigem Boden und sollte vor austrocknenden Winden geschützt sein.

Chionodoxa

Schneestolz

Der Schneestolz oder Schneeglanz gehört zur Familie der Hyazinthengewächse (Hyacinthaceae). Seine Herkunft ist Kleinasien und Asien.

Chionodoxa wird etwa 15 cm hoch, und seine Blüten sind sternförmig, strahlend blau mit einem weißen Auge in der Mitte. Er gedeiht am besten im Halbschatten unter Bäumen und Sträuchern, aber auch ein sonniger Standort ist geeignet. Die Erde sollte durchlässig, feucht und humusreich sein.

Eine der bekanntesten Schneestolz-Arten ist Chionodoxa sardensis (rechts). Sie hat enzianblaue Blüten; die Blütenstiele sind leicht rötlich bei vollsonnigem Stand. Bei Chionodoxa lucilia sind die Blüten etwas kleiner und himmelblau. Sehr hübsch machen sich beide Arten zusammen mit Schneeglöckchen und Krokussen, und auch in Kombination mit gelben Narzissen kommen die attraktiven blauen Blüten gut zur Geltung.

Schneestolz kann sich sehr stark ausbreiten, deshalb empfiehlt es sich, unmittelbar nach der Blüte die Samenkapseln zu entfernen. Eine sich weniger stark vermehrende Sorte ist die 'Rosea' mit ihren bis zu 4 cm großen Blüten in weichem Altrosa.

Chrysanthemum

Margerite

10–70 cm

VI–IX

Chrysanthemum, auch Margerite oder Wucherblume genannt, ist eine sehr artenreiche Gattung in der Familie der Korbblütler (Asteraceae). Der botanische Name leitet sich von den griechischen Wörtern „chrysos" und „anthemon" ab. „Chrysos" bedeutet soviel wie „Gold" und „anthemon" so viel wie „Blüte". Man könnte ihn also auch mit „Goldblüte" übersetzen.

Der Wuchs der Pflanzen ist unterirdisch kriechend, oder sie bilden kleine Polster. Die dunkelgrünen Blätter sind je nach Art und Sorte gezähnt oder gefiedert. Je nach Art können Chrysanthemen zwischen 10 und 70 cm hoch werden.

Die Pflanze fühlt sich in voller Sonne besonders wohl, sollte allerdings nicht zu trocken stehen. Im Steingarten wirkt sie sehr schön als farbliche Auflockerung in dunklem Geröll. Geeignete Pflanzennachbarn sind Katzenpfötchen oder Glockenblumen.

Eine sehr hübsche Art ist Chrysanthemum parthenium, auch bekannt als Goldkamille oder Mutterkraut. Die Pflanze bildet runde, kompakte Büsche und trägt einfach-fiederteiliges Laub. Ihr kamillenartiger Geruch ist zuweilen sehr intensiv. Das Mutterkraut kann bis zu 60 cm hoch werden.

Clematis

Waldrebe

60–800 cm

V–X

Clematis, auch Waldreben genannt, sind eine besonders arten- und formenreiche, weltweit verbreitete Gattung. Viele sind wüchsige Kletterpflanzen, andere wachsen strauchig.

Im Steingarten sind diverse Clematis-Arten auf verschiedene Weise einsetzbar. Man kann sie beispielsweise zur Begrünung von großen Bäumen oder als Bodendecker verwenden wie z.B. die Clematis recta (unten). Besonders beliebt sind die Pflanzen aufgrund ihrer meist sehr dekorativen Blüten, die je nach Art und Sorte zwischen Mai und Oktober erscheinen.

Die Pflanzen bevorzugen einen sonnigen bis halbschattigen Standort und einen gut durchlässigen, humosen Boden. Sie gedeihen besonders gut, wenn sie in kühlem Boden wurzeln können und schattig gepflanzt werden.

BELIEBTE ARTEN

- CLEMATIS MONTANA: Diese Art wird auch als Bergwaldrebe bezeichnet. Die sommergrüne Kletterpflanze trägt ihre zahlreichen weißen bis cremegelben Blüten von Mai bis Juni. Sie ist sehr wüchsig und kann bis zu 800 cm hoch werden. Bekannte und beliebte Sorten sind die weiß blühende 'Alexander', aber auch die blassrosa blühende 'Elisabeth' und die rosa blühende 'Pink Perfection'.

- CLEMATIS TANGUTICA: Diese auch als Mongolische Waldrebe, Orientalische Waldrebe oder Goldwaldrebe bekannte Art ist eine wüchsige, spät blühende Kletterpflanze. Ihre zahlreichen, glockigen, gelben Blüten erscheinen von Juni bis September und reifen zu ebenfalls dekorativen, flauschigen Früchten heran. Sie kann eine Höhe von 500 cm erreichen. In vielen Steingärten finden sich die gelbe, stark duftende 'Aureolin' oder die hellgelb blühende 'Anita'.

Cortaderia selloana

Pampasgras

50–250 cm

VIII–X

Das dekorative Pampasgras hat seine Heimat ursprünglich in Südamerika und Neuseeland. Es ist sehr ausdauernd und kann im Steingarten zu einem wahren Blickfang werden.

Cortaderia selloana ist dichtbüschelig und horstbildend. Die schmalen, langen, gebogenen Blätter sind mittelgrün und bereift. Einen hohen Zierwert haben die länglichen Blütenrispen mit den kleinen, seidigen, weißen bis rosafarbenen Ähren. Sie erscheinen je nach Sorte zwischen August und Oktober. Die Pflanze kann zu einer stattlichen Höhe von 50 bis 250 cm heranwachsen.

Das Pampasgras bevorzugt ein sonniges, warmes Plätzchen im Steingarten. Der Boden sollte gut durchlässig und nährstoffreich sein. Empfindlich reagiert die Pflanze auf winterliche Nässe und sollte gegebenenfalls dagegen geschützt werden.

Beliebte Sorten sind 'Pumila', die silberweiße Ährenblüten trägt und etwa 120 cm hoch wird, 'Sunningdale Silver', die besonders schön geformte, lockere Ähren in silberweiß hat und bis zu 250 hoch wird, oder 'Rosea', die sehr dekorative rosafarbene Ährenblüten trägt und eine Höhe von etwa 200 cm erreicht.

Corydalis

LERCHENSPORN

15–50 cm

IV–IX

Corydalis, auch Lerchensporn genannt, gehört zur Familie der Mohngewächse (Papaveraceae). In der freien Natur ist diese Pflanze in lichten Wäldern, Gebüschen oder an Felshängen zu finden.

Man schätzt die zierliche Staude aufgrund ihres frischgrünen, feinen, gefiederten Laubes und der eigentümlichen Blütenform. Die lang gespornten, helmartigen Rispenblüten sind in der

Regel gelb, können bei manchen Arten oder Sorten aber auch rosa, lila, weiß oder blau sein. Die Blütezeit liegt zwischen April und September. Je nach Art und Sorte wird die Pflanze 15 bis 50 cm hoch.

Im Steingarten macht Lerchensporn sich gut zwischen engen Steinfugen oder an Trockenmauern. Man kann die Pflanze auch zwischen Gehölze pflanzen. Sie verträgt Sonne, bevorzugt allerdings einen Standort im Halbschatten. Der Boden sollte frisch, humos und nicht zu trocken sein.

BELIEBTE ARTEN

- C. CASHMERIANA: Diese Art hat besonders dekorative leuchtendblaue Blüten und erreicht eine Höhe von etwa 15 cm.

- C. CAVA: Sie wird 25 cm hoch und blüht lilarosa. Die Sorte 'Alba' blüht weiß.

- C. LUTEA: Diese auch als Gelber Lerchensporn bezeichnete Art trägt sattgelbe Blüten und wird etwa 20 bis 40 cm hoch.

- C. NOBILIS: Diese Art wird auch Sibirischer Lerchensporn genannt. Sie blüht goldgelb und wird etwa 30 bis 50 cm hoch.

- C. SOLIDA: Diese im Deutschen Gefingerter Lerchensporn genannte Art blüht rosa, weiß oder purpur.

Cotinus coggygria

Perückenstrauch

200–500 cm

VI–VII

Das auffälligste Merkmal des Cotinus coggygria sind seine langen, federartigen Fruchtstände mit rötlich gefärbten Haaren. Sie verleihen dem Strauch ein duftiges, perückenähnliches Erscheinungsbild und haben ihm seinen deutschen Namen Perückenstrauch eingebracht.

Die buschige Pflanze kann eine beachtliche Höhe von 200 bis 500 cm erreichen. Sie trägt mittelgrüne, ovale Blätter, die im Herbst eine dekorative gelbe bis orangerote Farbe annehmen. Die eher unscheinbaren, winzigen, gelbgrünen Blüten erscheinen zwischen Juni und Juli. Zu einem wahren Blickfang wird die Pflanze jedoch erst, wenn sie ab Juli ihre rötlichen, duftigen Fruchtstände entwickelt.

Der Perückenstrauch gedeiht am besten an einem warmen, geschützten Standort in der Sonne und auf kalkhaltigem, trockenem bis frischem Boden. Die Pflanze eignet sich bestens als Solitär-Gehölz und macht sich außerdem gut vor Natursteinmauern. Eine sehr schöne Sorte ist 'Royal Purple'. Wegen ihres dunkel purpurroten Laubes, das sich im Herbst scharlachrot verfärbt, wird sie auch als Roter Perückenstrauch bezeichnet. Sie bildet schöne Kontraste zu grünen und gelben Laubgehölzen.

Cotoneaster

Mispel

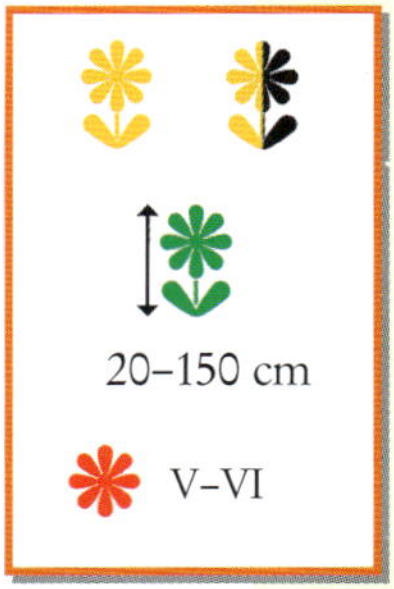

Cotoneaster gehört zur Familie der Rosengewächse (Rosaceae). Es gibt viele verschiedene Arten dieser Pflanze, die sich untereinander oft schwer unterscheiden lassen. Meist tragen sie weiße oder rote kleinen Blüten, aus denen sich dann rote Beeren entwickeln. Alle Pflanzenteile, aber besonders die Beeren sind schwach giftig. Neben den bekannten Arten Cotoneaster microphyllus oder Cotoneaster praecox eignen sich auch Cotoneaster dammeri und Cotoneaster horizontalis besonders gut für den Steingarten.

Beliebte Arten

- COTONEASTER DAMMERI (links): Diese Art wird auch als Teppichmispel oder Kriechmispel bezeichnet. Sie eignet sich gut als Bodendecker oder Flächenfüller und wird etwa 20 bis 100 cm hoch. Die Pflanze gedeiht besonders gut an einem sonnigen bis leicht schattigen Standort und trägt weiße Blüten und dekorative rote Früchte. Bekannte Sorten sind 'Coral Beauty', 'Jürgl' oder 'Streibs Findling'. Die Blätter bekommen im Herbst eine schöne Färbung.

- COTONEASTER HORIZONTALIS: Da sich diese Art fächerartig ausbreitet, wird sie auch Fächermispel genannt. Ihre zickzackförmig ausgebreiteten Zweige wachsen horizontal und die weißen bis rosafarbenen Blüten und schönen dunkelroten Früchte wirken besonders auffällig und dekorativ. Die Pflanze wird etwa 100 bis 150 cm hoch und sollte an einem sonnigen bis halbschattigen Platz stehen. Sie bekommt im Herbst eine attraktive rote Färbung (unten).

Cyclamen purpurascens

Europäisches Alpenveilchen

Den meisten Menschen dürfte das Alpenveilchen als Topfpflanze bekannt sein, doch es gibt auch einige Arten, die winterhart sind und draußen gut gedeihen. Das Europäische Alpenveilchen, früher auch Cyclamen europaeum genannt, findet man hauptsächlich in den Gebirgen Südeuropas, es kommt aber auch im Berchtesgadener Land vor. Allerdings sind die natürlichen Bestände sehr selten und stehen unter Naturschutz.

Die angenehm duftenden Blüten des Alpenveilchens bestehen aus fünf in sich gedrehten, elegant geschwungenen Blättern. Ihre unverwechselbare Blütenform hat sogar einige Künstler des Jugendstils inspiriert. Die Blüten sind rosa, seltener auch weiß. Es sind jedoch nicht nur die anmutigen Blüten, die den besonderen Reiz dieser nur etwa 10 bis 15 cm hohen Pflanze ausmachen. Auch das Laub ist sehr dekorativ: Die herz- bis nierenförmigen Blätter sind auf der Oberseite oftmals silbrig marmoriert, die Unterseite ist zumeist purpurrot gefärbt.

Die aparten Knollengewächse wachsen gut im Halbschatten und eignen sich deshalb ausgezeichnet zum Unterpflanzen von Bäumen und Sträuchern. So bringen sie Farbe in weniger helle

Ecken des Gartens. Ideal ist ein humoser, wasserdurchlässiger, kalkhaltiger Boden. Hier säen sie sich auch selber aus und können dichte, blühende Teppiche bilden. Als Pflanzennachbarn eignen sich Märzenbecher, kleinere Gehölze oder Farne.

Neben dem Europäischen Alpenveilchen sind zwei weitere Arten für den Steingarten zu empfehlen, die ebenfalls im mitteleuropäischen Klima zuverlässig winterhart sind:

- CYCLAMEN COUM: Diese Art blüht manchmal bereits im Februar, daher der Name Februaralpenveilchen. Die Blütenfarbe variiert von weiß bis dunkelkarmin.
- CYCLAMEN HEDERIFOLIUM: Das Neapelalpenveilchen blüht von September bis zum ersten Frost, die Blüten sind dunkelrosa, rosa oder weiß.

Cymbalaria muralis

Zimbelkraut

5–10 cm

VI–X

Cymbalaria muralis, das Zimbelkraut, ist auch unter dem botanischen Namen Linaria cymbalaria bekannt. Es kommt ursprünglich aus Norditalien und dem nördlichen Adria-Gebiet.

Da es in der freien Natur in Trockenmauern oder felsigen Bereichen zu finden ist, lässt es sich auch sehr gut für den Steingarten verwenden.

Die Pflanze bildet an einem sonnigen Standort kurztriebige, geschlossene, dichte Blattteppiche, die eine Höhe von etwa 5 bis 10 cm erreichen können. Auf diesen erscheinen die kleinen, lila-gelben Blüten, die denen des Löwenmauls ähneln. Die lange Blütezeit von Juni bis Oktober macht das Zimbelkraut zu einer besonders beliebten Zierpflanze. Es wächst gerne an schattigen oder auch sonnig gelegenen Mauern, in Felsspalten oder auf Geröll.

Im Steingarten ist Zimbelkraut vielseitig einsetzbar: Es kann als blühender Bodendecker, als Mauerspaltenpflanze oder zur Begrünung von Pflaster- und Plattenfugen verwendet werden. Außerdem eignet es sich für Tröge oder Kübel.

Bekannte Sorten sind die weiß blühende 'Alba' oder die kugelig buschig wachsende 'Globosa'.

Cytisus decumbens

Kriechginster

15–50 cm

V–VI

Der Kriechginster, auch Geißklee genannt, ist eine Pflanze mit größerer Verbreitung von Albanien über Italien bis nach Frankreich, wo er auf kalkhaltigen Böden wächst. Er ist winterhart und dürreresistent; am besten gedeiht er in voller Sonne an trockenen Standorten.

Cytisus decumbens ist ein reizvoller kleiner Zierstrauch. Die Pflanze wird nur 15 bis 20 cm hoch, wächst aber mit der Zeit in die Breite. Im Steingarten kommt der Kriechginster gut zur Geltung, wenn seine langen Triebe große Steinflächen bedecken können. Er empfiehlt sich daher eher für größere Anlagen. Die ausgebreitet niederliegenden Zweige des Strauches tragen dekorative graugrüne Blätter, die dichte Matten bilden; im Sommer zeigt sich eine üppige, goldgelbe Blütenfülle.

Besonders geeignet ist Cytisus decumbens auch als Trockenmauerpflanze, da er in Kalksteinfugen gut gedeiht und dort auch nicht so sehr in die Breite geht. Eine weitere für den Steingarten zu empfehlende Kriechginster-Art ist Cytisus kewensis, der Zwerg-Elfenbeinginster. Diese Art bringt im Frühjahr creme-weiße oder blassgelbe Blüten hervor. Die Pflanze wird nicht höher als 50 cm, kann aber eine Fläche von 2 m^2 bedecken.

Daphne cneorum

ROSMARINSEIDELBAST

Daphne, auch als Seidelbast bezeichnet, gehört zur Familie der Seidelbastgewächse (Thymelaeaceae). Der botanische Name Daphne, der aus dem Griechischen kommt und Lorbeer bedeutet, spielt auf die große Ähnlichkeit der Blätter einiger Seidelbast-Arten zu Lorbeerblättern an. Samen, Rinde und andere Pflanzenteile sind sehr stark giftig.

Seidelbast ist in der freien Natur wild wachsend auf steinigen Abhängen zu finden, was ihn geradezu für den Steingarten prädestiniert. Die niederliegenden Sträucher der Gattung können beispielsweise gut als Bodendecker verwendet werden. Seidelbast bevorzugt einen sonnigen bis halbschattigen, windgeschützten Standort und einen gut durchlässigen, frischen, kalkhaltigen, humosen Boden.

Eine bekannte und beliebte Art ist Daphne cneorum, die man auch als Rosmarinseidelbast bezeichnet, weil ihre schmalen, graugrünen Blätter, die dicht gedrängt am Triebende stehen, dem Rosmarin ähneln. Der immergrüne Strauch wird etwa 10 bis 30 cm hoch und wächst polsterartig. Zur Blütezeit von April bis Juni erscheinen die stark duftenden rosa Blüten. Die Pflanze kann so reich blühend sein, dass ihre Blätter kaum noch zu sehen sind. Rosmarinseidelbast eignet sich besonders gut zur Bepflanzung von Felsspalten und Trockenmauerfugen.

Dianthus

10–30 cm

V–IX

Nelke

Die „göttlichen Blumen", wie die alten Griechen sie nannten, bezaubern die Menschen schon seit undenklichen Zeiten. Während die langstieligen Gartenzüchtungen als Schnittblumen ihren festen Platz in der Floristik gefunden haben, ist die Gattung der Gebirgsnelken mit ihren zahlreichen Arten unverzichtbar für den Steingarten.

Die Auswahl an Pflanzen ist groß und wird allen Ansprüchen gerecht. Es gibt für alle Steingärten geeignete Nelken in den verschiedensten Farben und Formen. Man kann zwischen weißen, roten, rosafarbenen, gefüllten und ungefüllten, zwergigen und hohen Arten wählen. Besonders empfehlenswert sind eher zwergige, anspruchslose Arten, die gut auf jedem Boden gedeihen und große Polster ausbilden. Alle verlangen aber einen guten Wasserabzug, humushaltigen Boden und viel Sonne.

Beliebte Arten

- DIANTHUS BARBATUS (rechts): Diese zweijährige Art wird bis zu 40 cm hoch und blüht je nach Sorte unterschiedlich.

- DIANTHUS ARENARIUS: Die so genannte Sandnelke ist eine vor allem in Osteuropa weit verbreitete Art: Sie wächst auf sandigen Böden, häufig in Kiefernwäldern, und liebt sonnige Plätze. Die Polsterpflanze entwickelt Triebe von 10 bis 30 cm Höhe, die meist 1 bis 2 Blüten tragen. Diese sind weiß, am Schlund oft grünlich und bis über die Mitte eingeschlitzt. Eine sehr stark geschlitzte Sorte ist unter dem Namen 'Schneeflocke' bekannt.

- DIANTHUS DELTOIDES (links oben): Die Heidenelke wächst in weiten Teilen Europas und Asiens. Diese pflegeleichte Art ist für den Steingarten gut geeignet. Sie ist grünblättrig, rasig wachsend und erreicht eine Höhe von 15 cm. Die Sorten 'Brilliant', 'Nelli', 'Splendens' und 'Leuchtfunk' haben allesamt rote Blüten mit Ringzeichnung; 'Alba' ist eine weiß blühende Sorte.

- DIANTHUS PLUMARIUS (links unten): Dies ist eine vielfach bewährte und gleichzeitig die bekannteste Nelkenart, die intensiv duftende Federnelke. Es gibt viele verschiedene

Sorten in allen Farbstufen zwischen rot, rosa und weiß. Die Sorte 'Diamant' wird 30 cm hoch, ihre Blüte ist weiß und gefüllt; 'Heidi' erreicht 20 cm und blüht blutrot gefüllt; 'Ine' hat halbgefüllte weiße Blüten mit rotem Ring und wird 30 cm hoch; 'Pikes Pink' hat rosa gefüllte Blüten und wird 20 cm hoch.

DIANTHUS CHINENSIS: Die buschige China- oder Kaisernelke wird etwa 20 cm hoch. Zwei beliebte Sorten sind 'Fire Carpet' mit leuchtend roten Blüten, und 'Purpur', deren Blütenfarbe ihrem Namen entspricht.

Diascia barberae

15–30 cm

VI–IX

Diascie

Der botanische Name der Gattung Diascia leitet sich aus dem Griechischen ab: „di“ heißt zwei und „askos“ bedeutet soviel wie Beutel oder Schlauch. Damit wird auf die beiden nektarhaltigen Sporne auf der Blütenrückseite angespielt. Es gibt rund 50, teilweise sehr schwer zu unterscheidende Diascia-Arten der ursprünglich in Südafrika beheimateten Pflanze.

Eine beliebte Art, die auch oft eine Grundlage für verschiedene Kreuzungen bildet, ist Diascia barberae. Die Staude wird etwa 15 bis 30 cm hoch. Sie ist relativ anspruchslos und sehr reich blühend, was sie zu einem beliebten Steingartengewächs macht. Ihre 2 cm großen, rosafarbenen Blüten erscheinen in endständigen Trauben zwischen Juni und September. Diascien wirken so attraktiv, dass es sich lohnt, die Einjahrespflanze immer wieder auszusäen oder bewurzelte Stecklinge überwintern zu lassen.

Am besten gedeiht Diascia an einem sonnigen Standort. Der Boden sollte fruchtbar, feucht und durchlässig sein. Schöne Sorten sind die 15 cm hohe, lachsrosa blühende ‘Ruby Field’ oder die ebenfalls 25 cm hohe, aprikotfarbene Blüten tragende ‘Blackthorn Apricot’ (rechts).

Digitalis

Fingerhut

Digitalis war bereits im 18. Jahrhundert als Heilpflanze bekannt und zählt zu den ersten modernen Arzneipflanzen. Obwohl die Pflanze hochgiftig ist, findet besonders der Rote Fingerhut (Digitalis purpurea) in entsprechend reduzierten Dosen Verwendung in Herzmitteln.

Sowohl die botanische Bezeichnung Digitalis, die sich vom lateinischen Wort für Finger, „digitus", ableitet, als auch der deutsche Name Fingerhut beziehen sich auf die charakteristische Blütenform. Die Pflanze ist in Europa, Nordafrika und Westasien heimisch.

Die Arten gedeihen am besten an einem sonnigen bis halbschattigen Standort in frischer, humusreicher und durchlässiger Erde.

Mit seinen schönen, auffällig geformten Blüten ist der Fingerhut ein attraktiver Gartenschmuck. Für den Steingarten sind die zwei folgenden Arten besonders interessant:

DIGITALIS GRANDIFLORA: Diese Art wird auch als Großblütiger Fingerhut bezeichnet. Die Pflanze wird etwa 90 cm hoch und passt daher besonders gut in etwas größere Steinanlagen. Die Blätter sind lanzettlich und unregelmäßig gesägt. Zur Blütezeit von Juni bis September erscheinen die weitglockigen Blüten mit ausgeschweiftem, spitzzipfeligem Rand. Sie sind blassgelb und innen braun genetzt.

DIGITALIS PURPUREA: Diese Art wird auch als Roter Fingerhut bezeichnet. Die zweijährige Pflanze kann bis zu 130 cm hoch werden. Die lanzettlichen, langgestielten Blätter stehen wechselständig. Bei den Wildpflanzen sind die Blüten purpurfarben, es gibt aber auch Zierpflanzen mit weißen oder rosafarbenen Blüten. Die Blütezeit liegt zwischen Juni und Juli. Eine bekannte Sorte ist die weiß blühende ‘Alba’.

Doronicum orientale

Gemswurz

20–50 cm

IV–VI

Der aus Südosteuropa stammende Gemswurz ist eine besonders sonnige Frühlingsblume. Über seinem frischgrünen Laub erheben sich goldgelbe Blüten, die an Margeriten oder Gänseblümchen erinnern. Je nach Sorte erscheinen sie einzeln, seltener zu zweit an einem Stängel. Die Gemswurze unterscheiden sich im Wesentlichen durch die Höhe ihrer Blütenstiele, die zwischen 20 und 50 cm variieren kann. Doronicum eignet sich auch als schöne Schnittblume mit Wiesenblumen-Charakter.

Im Steingarten erweist sich der Gemswurz als relativ anspruchslose Staude, die in Sonne und Halbschatten bestens gedeiht. Seinem natürlichen Standort entsprechend eignet er sich für Gehölzränder des Gartens, wo er zusammen mit Primeln und Bergflockenblume den Frühling ankündigt. Besonders schön sind auch Kombinationen mit roten Tulpen oder blauen Hyazinthen. Da das

Laub des Gemswurzes nach der Blüte vergilbt, sollte man sommerblühende Arten als Nachbarn davor pflanzen.

BELIEBTE SORTEN

- 'GOLDKRANZ': Diese Sorte wird nur ca. 30 cm hoch und ist damit auch für kleinere Steingärten gut geeignet. Die Blüten sind leuchtend gelb.

- 'GOLDZWERG': Diese kompakte Sorte ist mit 25 cm hohen Blütenstielen und einem Blatthorst von 15 cm Höhe noch kleiner als die vorgenannte. In der Zeit von April bis Mai blüht sie goldgelb.

- 'FRÜHLINGSPRACHT': Für größere Steingärten eignet sich diese Sorte, deren Blatthorst bis 20 cm und Blütenstiele bis 50 cm hoch werden. Die Blüten sind ebenfalls goldgelb.

- 'MAGNIFICUM': Auch diese Sorte hat bis zu 40 cm hohe Blütenstiele mit goldgelben Blüten.

Dryas octopetala

SILBERWURZ

Seine deutsche Bezeichnung, Silberwurz, verdankt dieser besonders dekorative Zwergstrauch wohl seinen weißen, silbrig schimmernden Blüten. Er findet sich vor allem in Gebirgen oberhalb der Baumgrenze.

Im Steingarten eignet sich die immergrüne Pflanze gut für Stellen, an denen ganzjähriges Grün erwünscht ist. Sie empfiehlt sich als Bodendecker im Geröllfeld oder über Felsbrocken. Da sie sich schnell ausbreitet und riesige Teppiche bilden kann, ist sie eher für größere Anlagen geeignet. Es sind jedoch auch kleinere Typen erhältlich. Im Frühling sollten zu große Matten zurückgeschnitten werden.

Silberwurz hat breite, längliche bis eiförmige Blätter mit sattgrüner Oberseite und weißfilziger Unterseite. Insgesamt erreicht er eine Höhe von etwa 10 bis 15 cm. Zwischen Juni und Juli erscheint eine Fülle von weißen, schalenförmigen Blüten. Später im Sommer entwickeln sich daraus graue, seidig behaarte Samenstände, die ebenfalls sehr dekorativ wirken. Dryas octopetala gedeiht am besten in der Sonne, kann aber auch Halbschatten vertragen. Er bevorzugt einen gut durchlässigen, nährstoffreichen Boden.

Dryopteris

Wurmfarn

Der Gemeine Wurmfarn (Dryopteris filix-mas) ist in den gemäßigten Zonen Europas, Asiens und Amerikas heimisch. Der Wurzelstock und die Blattstiele des Wurmfarns, vor allem aber die jungen Pflanzen sind giftig. Seinen Namen verdankt er dem Umstand, dass Extrakte der Pflanze früher in der Medizin als Bandwurmmittel Anwendung fanden.

Als Gartenbewohner ist der Wurmfarn sehr anspruchslos; er verträgt auch Trockenheit und kommt praktisch mit jedem Gartenboden zurecht. Mit seinen hellgrünen, oft hüfthohen Wedeln sieht er auch an dunklen Standorten unter Bäumen sehr dekorativ aus.

WEITERE ARTEN

- DRYOPTERIS AFFINIS: Die langen Wedel dieses Goldschuppenfarns sind insbesondere beim Austrieb mit goldbraunen Schuppen attraktiv geschmückt. Diese Art wächst rund 80 cm hoch.

- DRYOPTERIS ERYTHROSORA: Der Rotschleierfarn zeigt im Frühling einen schönen, orangeroten Austrieb. Danach ist er grün glänzend und wird zwischen 30 und 80 cm hoch.

- DRYOPTERIS SIEBOLDII: Der Japanische Wurmfarn hat eine für Farne außergewöhnliche Form: Seine graugrünen Wedel sind nur einfach gefiedert.

Eremurus

Steppenkerze, Lilienschweif

100–200 cm

VI–VII

Mit ihren hoch aufragenden Blütentrauben bildet die Gattung Eremurus, die auch als Steppenkerze oder Lilienschweif bezeichnet wird, eine sehr imposante und attraktive Erscheinung. Die verschiedenen Arten kommen ursprünglich aus trockenen Grasländern und Halbwüsten in West- und Zentralasien und können zwischen 100 und 200 cm hoch werden.

Da sich für den Steingarten besonders die eher niedrigen Arten anbieten, ist Eremurus stenophyllus mit ihrer Höhe von nur 100 cm besonders gut geeignet. Die büschelige Staude trägt schmal lineale, graugrüne Blätter, die manchmal sehr behaart sein können. Den größten Zierwert haben die dunkelgelben Blüten, die etwa zwischen Juni und Juli zu bewundern sind.

Die Pflanze bevorzugt einen sonnigen Standort und einen nährstoffreichen, gut durchlässigen Boden. Mit Steppenkerzen kann man wunderschöne Bilder erzielen. Sie machen sich gut in kleinen Gruppen, vor immergrünen Gehölzen oder zwischen mittelhohen Stauden. Besonders dekorativ wirken sie, wenn sich die grazilen Blütenstände sanft im Wind wiegen. Eine sehr beliebte und attraktive Unterart ist E. x isabellinus. Sie blüht in leuchtenden Farben von gelb, orange bis rötlich und weiß.

Erica carnea

Schneeheide

15–30 cm

I–IV

Erica carnea macht ihrer Bezeichnung Schneeheide alle Ehre, denn unter Eis und Schnee bildet sie schon im Januar die ersten Blütenglöckchen. Die Pflanze gehört zur Familie der Heidekrautgewächse und hat ihre Heimat in den Gebirgen Mittel- und Südeuropas.

Im Steingarten ist die Pflanze als Vorfrühlingsblüher von besonderer Bedeutung, denn sie eröffnet zusammen mit vielen Zwiebelgewächsen den Blütenreigen. Sehr dekorativ wirkt die Schneeheide zwischen Steinbändern und am Rand der Steinanlage, wo sie wichtige Verbindungsaufgaben erfüllen kann. Außerdem eignet sie sich hervorragend als Bodendecker.

Der niederliegende Zwergstrauch erreicht etwa 30 cm Höhe. Die aufgebogenen Zweige sind dicht mit immergrünen, nadelförmigen, quirlständigen, grünen Blättern besetzt. Die Blüten zeigen sich zumeist fleischfarben, können aber auch andersfarbig sein, wie bei 'Winter Beauty' (rosa), 'Rubra' (dunkelrot) oder 'Springwood White' (weiß). Die Schneeheide gedeiht am besten an einem sonnigen Platz und bevorzugt einen kalkreichen Boden. Sie sollte nach der Blüte zurückgeschnitten werden, damit sie nicht struppig wird und verkahlt.

Eryngium

Edeldistel

Gärtnertipp

Aufgrund ihrer langen Blütezeit sorgt die Edeldistel für dauerhaften Schmuck im Garten. Sie ist aber auch für kleine Trockensträuße und Gestecke gut geeignet. Der beste Zeitpunkt zum Schnitt ist, wenn die Hüllblätter um die Blüte ihre stärkste Farbkraft haben. Die einzelnen Blüten sollten allerdings noch nicht geöffnet sein.

Bei der Edeldistel, auch Mannstreu genannt, handelt es sich um eine Gattung mit 230 einjährigen, zweijährigen, laubwerfenden oder immergrünen Staudenarten. Sie sind zwar weit verbreitet, aber die meisten kultivierten Arten stammen aus Eurasien sowie aus Nord- und Südamerika.

Edeldisteln sind attraktive, eigenwillig anmutende Pflanzen. Sie bilden basale Rosetten, oftmals aus den für Disteln so typischen stacheligen Blättern mit silbrig-weißer Aderung. Die in der Regel im oberen Drittel verzweigten, kräftigen Stängel tragen halbkugelförmige bis zylindrische Dolden aus winzigen, ungestielten Blüten mit stacheligen, metallisch silberblauen Hochblättern.

Es gibt eine Fülle von Edeldistel-Arten, die für den Steingarten geeignet sind. Sie sind extravagante Partner für filigrane Gräser sowie für Stauden mit feinem Blattwerk, denn sie sorgen für spannende Kontraste. Die meist winterharten Pflanzen bevorzugen einen sonnigen Standort und lockeren, gut durchlässigen Boden. Während des Wachstums sollten sie gut gegossen, sonst aber trocken gehalten werden.

BELIEBTE ARTEN

- ERYNGIUM PLANUM: Die kompakte Sorte 'Blauer Zwerg' besitzt viele kleine, intensiv violett-blaue Blüten, die kleinere Staudenbeete mehrjährig (voll frosthart) bereichern können (buschig bis 50 cm hoch).

- ERYNGIUM BOURGATII: Eine gruppenbildende, krautige Staude mit auffällig silbrig geaderten, dunkelgrünen Blättern (ca. 40 cm hoch).

- ERYNGIUM AMETHYSTINUM: Verzweigte, silbrige Sprosse mit 2 bis 3 cm langen Dolden. Ihre Blüten sind stahlblau bis violett (ca. 70 cm).

- ERYNGIUM GIGANTEUM: Diese Art wird aufgrund der elfenbeinfarbenen Hüllblätter auch Elfenbeindistel genannt. Sie bildet zylindrische, bis zu 6 cm lange Dolden aus blass grünen bis blauen Blüten (frosthart, bis zu 70 cm).

40–70 cm

VI–IX

Fargesia murielae

Gartenbambus

Die zur Gattung Fargesia gehörenden, immergrünen Bambusarten kommen ursprünglich aus feuchten Waldformationen in Zentralchina und dem Nordosten des Himalajas.

Eine sehr bekannte Art ist Fargesia murielae. Der horstbildende Bambus hat gelbgrüne, später gelb gefärbte Sprossen, die sich meist im ersten Jahr verzweigen. Sie können sich bei voller Belaubung unter dem Gewicht der kleinen, leuchtend grünen Blätter leicht nach unten biegen. Die Blattscheiden sind flaumig behaart. Die Pflanze kann 100 bis 400 cm hoch werden.

Fargesia murielae bevorzugt einen sonnigen bis halbschattigen Standort. Der Boden sollte fruchtbar und feucht sein. So kann man den Bambus beispielsweise in der Nähe eines Teichs anpflanzen. Die immergrünen Pflanzen bringen einen Hauch von Fernost in den Steingarten und können eine ganz besondere Stimmung zaubern, wenn sie leise im Wind rascheln.

Der Gartenbambus wird in vielen verschiedenen Sorten angeboten. Sehr bekannt sind die 300 cm hohe 'Jumbo', die ebenfalls 300 cm hohe 'Dragon', die etwa 150 bis 250 cm hohe 'Simba', oder die nur 100 bis 150 cm hohe 'Bimbo'.

Festuca

Schwingel

10–40 cm

VI–VII

Die Gattung Festuca, auch unter der Bezeichnung Schwingel bekannt, umfasst etwa 300 bis 400 verschiedene Staudenarten, die in Grasformationen, Gehölzrändern und Gewässerrändern der gemäßigten Breiten zu finden sind.

Die Pflanze eignet sich hervorragend für Steingärten, wo sie einen attraktiven Kontrast zu alpinen Arten darstellt. Sie macht sich gut in Steinfugen und Kiesbeeten. Schwingel bevorzugt einen Standort in voller Sonne bis Halbschatten und gedeiht gut auf trockenem, gut durchlässigem Boden.

Beliebte Arten

- FESTUCA GLAUCA (rechts): Diese Art wird aufgrund ihrer charakteristischen blaugrünen Blätter auch als Blauschwingel bezeichnet. Das dicht büschelige, immergrüne, ausdauernde Gras trägt aufrechte oder gebogene, schmal lineale, eingerollte Blätter. Zwischen Juni und Juli erscheinen die kurz verzweigten Rispen mit Ähren aus violett getönten, blaugrünen Blüten. Der dekorative Blauschwingel wird etwa 20 bis 40 cm hoch. Beispiele für bekannte Sorten: 'Azurit' bildet dichte, tiefblaue Polster; 'Harz' trägt dunkelblaugrüne Blätter; und 'Blaufuchs' bildet stahlblaue Polster.

- FESTUCA SCOPARIA (links): Diese Art wird auch als Bärenfellschwingel bezeichnet und ist ursprünglich in den Pyrenäen beheimatet. Das polsterförmig dicht wachsende, immergrüne Gras trägt schmal lineale, eingerollte, sattgrüne Blätter und erreicht eine Höhe von etwa 15 bis 25 cm. Die Blütezeit liegt zwischen Juni und Juli.

Genista

Ginster

Mit seinen gelb leuchtenden Blüten ist der Ginster ein beliebter Frühlingsbote. Er ist ein einfach zu kultivierender und robuster Strauch mit zahlreichen gelben (selten weißen oder rosa) Blüten. Ginster gibt es in vielen Arten, die bis zu 2 Meter hoch werden können, doch gibt es auch Zwergformen, die sich für den Steingarten anbieten.

Genista lydia, der Steinginster, ist ein polsterbildender, sommergrüner Strauch mit gebogenen, an der Spitze bedornten Zweigen. Im Mai und Juni trägt er ca. 1,5 cm lange, in kurzen Trauben stehende gelbe Schmetterlingsblüten. Er bevorzugt warme, sonnige Lagen mit lockerem, gut durchlässigem, mäßig nährstoffreichem Boden. Ideal geeignet ist er zur Bepflanzung von Steinmauern und Böschungen. Der Steinginster wird ungefähr 50 cm hoch.

Genista sagittalis, der Flügelginster, ist ein Strauch, der eine Wuchshöhe von lediglich 20 bis 30 cm erreicht und damit für kleinere Steingärten prädestiniert ist. Die Pflanze ist rasenbildend mit kriechenden, wurzelnden Ästchen. Die aufrecht stehenden Triebe sind mit zwei breiten, unterbrochenen Flügeln versehen. Seine Blütezeit ist im Juni, die Blütenfarbe ist goldgelb. Als Standort kommen sonnige Plätze in Frage. Der Flügelginster lässt sich schön auf Mauerkronen pflanzen und ist sehr gut als Pioniergehölz geeignet.

20–50 cm

V–VII

Der Ginster fühlt sich in einer lehmig-sandigen Gartenerde besonders wohl. Staunässe verträgt die Pflanze nicht. Häufig wird Ginster als dominierende Leitpflanze eingesetzt. Als Nachbarn eignen sich z.B. Erika, Gräser, Kiefern, Wacholder und Wildrosen. Er sollte nur sparsam gegossen und gedüngt werden, und nach der Blüte ist die Pflanze um $^1/_3$ zurückzuschneiden. Weitere für den Steingarten zu empfehlende Arten sind Genista hispanica, Genista pilosa, Genista umbellata und Genista radiata.

Gentiana acaulis

Enzian

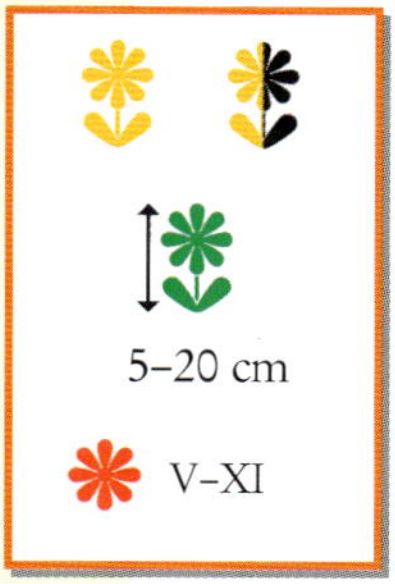

„Ein artiges und ruhmreiches Geschlecht“ – so nannte schon Johann Wolfgang von Goethe die Gattung Enzian. Mit ihren sprichwörtlichen blauen Blüten ist die Pflanze ein Symbol der Alpen; kaum ein anderes Gewächs hat diese Berühmtheit erlangt. Allerdings ist der ehemals weit verbreitete Enzian inzwischen eine seltene Pflanze geworden und steht unter strengem Naturschutz. Übrigens: Der bekannte Enzian-Schnaps wird aus dem Gelben Enzian (Gentiana lutea) hergestellt.

Auch im Steingarten ist der Enzian ein echter Klassiker. Als typische Gebirgspflanze ist er vor allem für naturnahe Anlagen von Bedeutung. Die niedrigen, polsterbildenden Arten breiten sich zwischen Steinen und Felsen zu hübschen Teppichen aus. Bei der Wahl des Standortes gilt es zwischen kalkliebenden, kalktoleranten und kalkmeidenden Enzianarten zu unterscheiden. Am richtigen Platz sind die Pflanzen anspruchslos, wobei die Bodenfeuchtigkeit möglichst gleichbleibend sein sollte.

Die herrlichen glockenförmigen Blüten, die im Blauspektrum von Hellblau bis Ultramarin variieren, leuchten von Mai bis in den Spätherbst hinein. Pflanzenkombinationen mit Gräsern, Erika oder Zwerg-Rhododendren unterstreichen die Farben und Formen der Enzianstaude. In flächiger Pflanzung kommen die schönen Blautöne der Blüten noch wirkungsvoller zur Geltung.

Beliebte Arten

- GENTIANA ACAULIS: Der Stängellose Enzian gehört zu den kalkmeidenden Arten. Er bildet prächtige Tuffs mit

leuchtenden, tief blauen Blütensternen, die innen olivgrün gepunktet sind. Es gibt aber auch eine weiß blühende Sorte, 'Alba'. Die Blütezeit von Gentiana acaulis liegt im Mai und Juni. Als Standort sollte ein sonniger Platz ausgewählt werden.

- GENTIANA ANGUSTIFOLIA: Auch der Schmalblättrige Enzian hat kurze Blütenstiele. Charakteristisch sind seine schmalen, langen Laubblätter. Diese Art ist kalktolerant und kann sowohl Sonne als auch Halbschatten vertragen. Ihre Blütezeit ist von April bis Mai, und sie wird meist 7 bis 10 cm hoch. Die glockenförmige Blüte ist leuchtend dunkelblau. Gentiana angustifolia ist eine einfach zu kultivierende Art.

- GENTIANA SINO-ORNATA: Diese kalkmeidende Enzianart hat ihre Blütezeit von September bis November und wird deshalb als Herbstenzian bezeichnet. Die Blüten sind im Innern tief azurblau, außen matter und mit breiten, grünlich-gelben Streifen versehen. Gentiana sino-ornata wird bis zu 20 cm hoch. Diese sehr attraktive Pflanze ist auf kalkfreiem Untergrund einfach zu halten.

Geranium-Hybriden

Storchschnabel

Die eigenartig geformten Fruchtstände, die Geranium nach der Blüte ausbildet, haben dieser Pflanze die Bezeichnung Storchschnabel eingebracht, denn ihre Form erinnert an Kopf und Schnabel eines Storches. Die verschiedenen Arten dieser zur Familie der Storchschnabelgewächse gehörenden Gattung sind sehr vielseitig und in den verschiedensten Gartenanlagen verwendbar. Für den Steingarten sind jedoch eher die kleinwüchsigeren Arten interessant.

Die buschige Staude trägt kreisförmige, gelappte Blätter in grün, silbergrau oder rotbraun. Die rundlichen Blüten stehen in lockeren wenigblütigen Dolden und leuchten je nach Art und Sorte in lilarosa, weißrosa, karminrosa oder karminrot.

Die Pflanze liebt einen Standort in voller Sonne und einen gut durchlässigen, mäßig trockenen, nährstoffreichen Boden. Sie macht sich gut in Geröll und Spalten oder auch in sonnigen bis halbschattigen Mauerfugen. Man kann Trockenmauern und Terrassenbeete mit ihnen verschönern. Geeignete Pflanzennachbarn sind Glockenblumen, Enziane, Steinbrech oder Gräser.

Beliebte Arten

- GERANIUM ARGENTEUM: Aufgrund ihres silbergrauen Laubes wird diese Art auch als Silberstorchschnabel bezeichnet. Sie hat hellrosa, dunkel gerandete Blüten und wird 10 bis 15 cm hoch.

- GERANIUM DALMATICUM: Diese Art wird auch Dalmatiner Storchschnabel genannt. Sie trägt große, rosafarbene Blüten und entwickelt eine rote, besonders attraktive Herbstfärbung. Die Pflanze erreicht eine Höhe von etwa 10 cm. Die Sorte 'Album' blüht weiß.

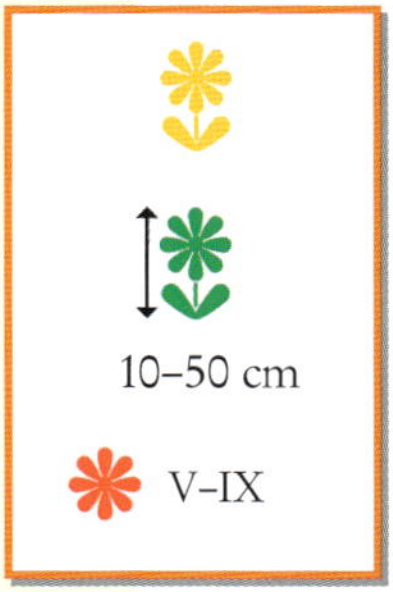

- GERANIUM RENARDII: Diese auch Kaukasus-Storchschnabel genannte Art wird 30 cm hoch und trägt weiße, dunkel geaderte Blüten. Das stark behaarte, gewellte Laub ist graugrün.

- GERANIUM SANGUINEUM: Diese Art wird als Blutroter Storchschnabel bezeichnet, was natürlich ein Hinweis auf die leuchtendroten Blüten ist. Auch einzelne absterbende Blätter verfärben sich vor dem Abfallen blutrot, womit auch außerhalb der Blütezeit interessante Farbakzente gesetzt werden. Die Pflanze wird etwa 20 bis 50 cm hoch.

Gypsophila repens

Kriechendes Schleierkraut

10–40 cm

V–VIII

Gypsophila repens wird auch als Kriechendes Schleierkraut, Kriechendes Gipskraut oder Teppichschleierkraut bezeichnet, was bereits den Wuchs der Pflanze beschreibt, denn sie bildet überhängende Teppiche und zarte Schleier aus vielen kleinen, sternförmigen Blüten. Die dekorative und vielseitig einsetzbare Pflanze ist ursprünglich auf Geröllfluren und kalkhaltigen Felsen in den Gebirgen Mittel- und Südeuropas beheimatet.

Die Matten oder Polster des Kriechenden Schleierkrauts können je nach Art und Sorte etwa 10 bis 40 cm hoch werden. Seine lanzettlichen, teilweise nadelartigen Blätter sind grün bis graugrün und auch außerhalb der Blütezeit hübsch anzusehen. Zwischen Mai und August erscheinen die zarten, weißen bis rosafarbenen Blüten.

Die zierliche Schönheit bringt Leichtigkeit und Eleganz in den Steingarten. Dort eignet sich die Pflanze zum Beispiel ausgezeichnet für Trockenmauern, wobei man sie wie einen Blütenwasserfall herabrieseln lassen kann.

Ein schönes Bild bieten die Blütenschleier, wenn sie aus Spalten oder Fugen hervorquellen oder über Felsen kriechen.

Das Schleierkraut bevorzugt einen sonnigen Standort und gedeiht gut auf einem durchlässigen, kalkhaltigen Boden. Beispiele für geeignete Nachbarpflanzen sind Nelken, Sonnenröschen, Steinbrech, Johanniskraut oder Glockenblumen.

Eine sehr beliebte und sehr schöne Sorte ist die 'Rosea'. Sie ist besonders dicht wachsend, trägt eindrucksvolle zartrosa Blüten und wird etwa 10 cm hoch. Andere bekannte Sorten sind 'Rosa Schönheit', die dunkelrosa Blüten trägt, einen besonders kompakten Wuchs hat und ca. 15 cm hoch wird sowie 'Rosenschleier', die zartrosa blüht und eine Höhe von 20 bis 40 cm erreicht.

Helianthemum

Sonnenröschen

Das Sonnenröschen ist ein immergrüner oder teilweise immergrüner Halbstrauch aus der Familie der Zistrosengewächse (Cistaceae), der in Europa, Asien und im Mittelmeerraum in zahlreichen verschiedenen Arten vorkommt. Er wird je nach Sorte etwa 15 bis 30 cm hoch und eignet sich hervorragend für Steingärten.

Schon in ihrem Namen wird deutlich, was für diese Pflanze besonders wichtig ist. Ihr botanischer Name leitet sich aus den griechischen Wörtern für Sonne „helios", und für Blüte „anthemos" ab, und auch im deutschen Namen kommt ihre Vorliebe für trockene und sonnige Standorte zum Ausdruck.

Die Blätter der Sonnenröschen sind länglich, stark gekielt, glänzendgrün bis silbergrau und behaart. Die Sträucher tragen rundliche Blütenscheiben, wobei die Farbnuancen je nach Sorte von weiß über gelb bis rot mit vielen verschiedenen Zwischentönen variieren. So zaubern die pflegeleichten Stauden wunderschöne Farbfelder in den sommerlichen Steingarten. Direkt nach der Hauptblüte hält ein Rückschnitt der gesamten Staude die Pflanzen blühwillig.

Besonders gut vertragen sich die Sonnenröschen in Kombination mit Nelken, Freilandkakteen, Hauswurz und Edelraute. Beliebte Arten sind: Helianthemum apenninum, Helianthemum nummularium, Helianthemum canum (links), Helianthemum lunulatum oder Helianthemum oelandicum.

Bekannte Farbsorten der Helianthemum-Hybriden sind die aprikosenfarbene 'Amy Baring', die rote 'Cerise Queen', die hellgelbe 'Gelbe Perle', die rosa Sorten 'Pink Double' und 'Rosa Königin', die gelbe 'Sterntaler' oder die weiße 'Wisely White'.

Hypericum

Johanniskraut

10–50 cm

VI–IX

Das Johanniskraut zeigt seine volle Blütenpracht um die Zeit der Sommersonnenwende, also um den Johannistag.

Es gehört nicht nur zu den schönsten Sonnenpflanzen, sondern wurde schon vor langer Zeit von den Menschen als Heilmittel geschätzt. Man schrieb ihm sogar magische Kräfte zu; so sollte es zum Beispiel alles Böse und Dunkle vertreiben, Dämonen abwehren oder vor Unwettern schützen.

Das echte Johanniskraut (Hypericum perforatum) wird auch heute noch als Heilpflanze gegen Stimmungsschwankungen, Nervosität und leichte bis mittelschwere Depressionen eingesetzt.

Auch bei den Johanniskräutern gibt es diverse verschiedene Arten und Sorten. Für den Steingarten besonders gut geeignet ist H. calycinum. Dieser stark Ausläufer treibende, immergrüne Halbstrauch kann eine Höhe von bis zu 50 cm erreichen und eignet sich durch die dichten Triebe und den raschen Wuchs gut als Bodendecker. Seine etwa 5 bis 7 cm großen, dekorativen, goldgelben Schalenblüten trägt er von Juli bis September.

Das Johanniskraut gedeiht am besten an einem sonnigen bis leicht schattigen Standort und auf lockerem, humosem Boden. Es verträgt sich gut mit kräftigen Stauden, wie z.B. Blaudistel und Blaustrahlhafer. Die frostempfindliche Pflanze friert in manchen kalten Wintern zurück. Schneidet man allerdings die erfrorenen Triebe im Frühjahr scharf zurück, treibt der Strauch wieder willig durch.

Andere bekannte, ebenfalls für Steingärten gut geeignete Johanniskraut-Arten sind das Hypericum olympiacum, das mit seinen runden und dünnen Trieben und zitronengelben Blüten für größere Steinanlagen geeignet ist, oder das gelbe Hypericum polyphyllum.

Iberis saxatilis

SCHLEIFENBLUME

An felsigen Plätzen in Südeuropa findet man die niedrigen, immergrünen Stauden der Iberis oder Schleifenblume. Das macht sie auch zu einem geeigneten Steingartengewächs.

Die Pflanze besitzt einen robusten Wuchs und bildet kompakte Polster, die etwa 10 bis 25 cm hoch werden. Ihre Triebe sind reich verzweigt und mit lanzettlichen, ganzrandigen, dunkelgrünen Blättern belaubt. In der Blütezeit von April bis Mai zeigen sich die zahlreichen, kleinen, kugeligen Blütenstände. Meist sind die Blüten weiß, bei einigen Arten auch rosa.

Aufgrund ihrer reichen Blütenfülle und der immergrünen Blätter sind die Schleifenblumen sehr beliebte Pflanzen im Steingarten. Zudem sind sie leicht zu kultivieren. Als Standort bevorzugen sie einen vollsonnigen Platz und einen gut durchlässigen, nährstoffreichen Boden. Sie sind geradezu unersetzlich für Felsspalten, Trockenmauern oder Tröge. Geeignete Pflanzennachbarn sind z.B. Blaukissen, Polsterphlox oder Steinkraut.

Eine besonders beliebte Art ist Iberis saxatilis, auch Felsenschneekissen genannt. Die Pflanze bildet ein 10 cm hohes Polster und hat matt dunkelgrüne Blätter. Dieser dekorative Frühlingsblüher trägt seine weißen Blüten von April bis Mai.

10–25 cm

IV–V

Iris germanica

Schwertlilie

Die Schwertlilien (Iris) bilden eine besonders arten- und sortenreiche Gattung innerhalb der Familie der Schwertliliengewächse (Iridaceae).

Botanisch wurde die Pflanze nach der griechischen Göttin des Regenbogens, Iris, benannt, was sicher eine Anspielung auf die Buntheit und die schillernden Farben der Blüten ist. Für die deutsche Bezeichnung Schwertlilie sind wohl die graugrünen, spitz zulaufenden, schneideartigen, straff aufrecht stehenden Blätter verantwortlich, die an sich schon besonders dekorativ wirken. Zur Blütezeit von April bis Juni setzen die wunderschönen, auffälligen, bunten und meist sehr großen Blüten der Pflanze dann die Krone auf.

In der Traumdeutung sind Schwertlilien ein Symbol für Hoffnung und gute Nachrichten. Außerdem kann die Iris für christlichen Glauben oder Herrschaft stehen. So ist beispielsweise auf dem Wappen der Bourbonen eine stilisierte Schwertlilie zu sehen.

Grob lässt sich die Gattung der Schwertlilien in zwei Hauptgruppen unterscheiden, die Zwiebeliris und die Rhizomiris. Bei der letzteren gibt es wiederum die Bart-Iris, welche bunte Haare auf den Hängeblättern hat, die bartlosen Iris-Formen und die Evansia-Iris oder auch Kamm-Iris, die einen Kamm auf den Blättern haben.

Besonders beliebt in Gärten sind die vielen Arten der Bart-Iris. Auch diese lassen sich nach Wuchshöhe in drei verschiedene Gruppen unterteilen: Die Iris-Barbata-Elatior-Hybriden (Hohe Bart-Iris) können über 70 cm hoch werden, die Iris-Barbata-Media-Hybriden (Mittelhohe Bart-Iris) werden zwischen 40 und 70 cm hoch, und die Iris-Barbata-Nana-Hybriden (Niedrige Bart-Iris oder Zwerg-Schwertlilie) werden nur etwa 20 bis 30 cm hoch.

Für den Steingarten sind die kleinwüchsigeren Iris-Barbata-Nana-Hybriden besonders geeignet. Sie sollten dort an einem sichtbaren Platz stehen, damit ihre auffälligen Blüten gut zur Geltung kommen. Dekorativ sind sie in trockenen Geröllflächen oder vor Trockenmauern. Die besonders kleinwüchsigen Formen eignen sich auch hervorragend für Tröge. Vor allem bieten sie in unmittelbarer Nachbarschaft zu Gräsern oder Sonnenröschen ein sehr harmonisches Bild.

Die Pflanzen lieben einen vollsonnigen Standort. Der Boden sollte kalkhaltig, eher trocken, nährstoffreich und gut durchlässig sein.

Es gibt ein sehr reichhaltiges Angebot an Iris-Barbata-Nana-Hybriden mit einer breiten Farbpalette von weiß bis violett oder auch mehrfarbig. Die Züchtung dieser beliebten Pflanzen wird rege betrieben, und so kommen ständig neue Sorten auf den Markt, was einen guten Überblick über diese Art erschwert. Im Folgenden sollen dennoch einige Beispiele genannt werden, um die unglaubliche Farbenvielfalt zu verdeutlichen.

15–30 cm

IV–VI

Beliebte Sorten

- 'Cherry Garden' wird etwa 25 bis 30 cm hoch und blüht dunkelpurpur bis weinrot.
- 'Firestorm' trägt burgunderrote Blüten und wird etwa 15 cm hoch.
- 'Goldgelb' hat goldgelbe Blüten und wird 20 cm hoch.
- 'Lilly White' blüht weiß und erreicht eine Höhe von bis zu 20 cm.
- 'Melon Honey' wird etwa 25 cm hoch und hat aprikosenfarbige Blüten.
- 'Rote Laterne' wird etwa 25 bis 30 cm hoch und blüht rotbraun.
- 'Sapphire Jewels' wird 25 cm hoch und trägt saphirblaue Blüten.

Juniperus

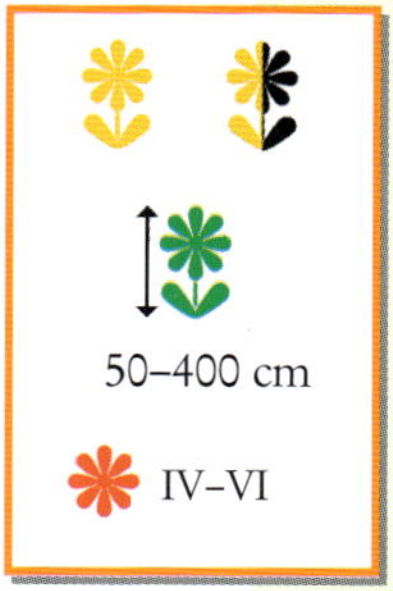

Wacholder

Juniperus communis, der Gemeine Wacholder oder Heidewacholder, wächst als Strauch oder Baum und erreicht eine Höhe von bis zu 10 m. Seine natürlichen Standorte sind lichte Kiefernwälder, Zwergstrauchheiden und sonnige Felshänge. Aus den Beeren des Gemeinen Wacholders wird übrigens ein schmackhafter Schnaps, der Gin, gebrannt.

Als anspruchslose Konifere ist der immergrüne Wacholder ein beliebtes Nadelgehölz für den Steingarten. Für welche der vielen Sorten man sich entscheidet, hängt davon ab, wofür man den Wacholder im Garten verwenden möchte.

Beliebte Arten

- HIBERNICA: Der Säulen- oder auch Heidewacholder wird bei schlankem, säulenförmigem Wuchs bis zu 400 cm hoch. Er eignet sich vor allem als Solitär.

- REPANDA: Der Kriechwacholder bildet runde Polster und hat intensiv grüne Nadeln. Mit seinem zwergigen Wuchs besiedelt er selbst engste Steinplatten.

SQUAMANTA: Der Zwergwacholder oder Blausternwacholder macht seinem Namen alle Ehre: Die kleinen Nadeln haben eine dekorative, auffallend silberblaue Färbung. Bekannte Sorten sind hier 'Blue Carpet' und 'Blue Star', die bei ungehindertem Wachstum im Alter 80 bis 100 cm hoch werden; sie sind gut schnittverträglich.

Lavandula

Echter Lavendel

40–60 cm

VII–VIII

Durch den herrlichen Duft von Lavendel fühlt man sich nach Südfrankreich versetzt, wo die Pflanze auf großen Feldern wächst und die blauen Blütenteppiche die ganze Gegend in das typische aromatische Lavendelparfüm einhüllen.

Der Name des aus dem Mittelmeerraum stammenden Gewächses leitet sich von dem lateinischen Wort für Waschen, „lavare“ ab, was allerdings weniger auf seine reinigende Wirkung zurückzuführen ist als einfach auf seinen frischen Duft.

Der echte Lavendel ist schon lange als Heilpflanze aus alten Kloster- und Bauerngärten bekannt. Von jeher schätzte man seine antiseptische, beruhigende und krampflösende Wirkung, so dass er unter anderem als Mittel gegen Schlaflosigkeit, Husten, Kreislaufschwäche, Nervosität oder Nervenschwäche eingesetzt wurde.

Die duftenden Blüten werden nicht nur in der Parfümindustrie verwendet, sondern eignen sich auch als essbare Dekoration mit herb-würzigem Geschmack und sind auch Bestandteil der bekannten Kräuterwürzmischung „Herbes de Provence“.

Der Lavendel hat graugrüne Blättchen, die unten weißfilzig behaart sind und sich am Rand leicht einrollen. Ein Lavendelstrauch wird etwa 60 cm hoch. In der Zeit zwischen Juli und August trägt er blau-violette Blüten auf seinen bis zu 40 cm langen, sehr dekorativ wachsenden Scheinähren.

Die lange Blütezeit und ein pflegeleichtes Wachstum machen Lavendel zu einer idealen Pflanze für Steingärten, wo sie längst zu den wichtigsten Flächenbesiedlern gehört. Die Sträucher wachsen gut auf kalkhaltigen, trockenen Steinböden und bevorzugen einen sonnigen und windgeschützten Standort. Im Steingarten wirkt Lavendel besonders hübsch zwischen Steinbändern oder an Randbereichen sowie in Kombination mit Schwingel, Katzenminze, Königskerzen und Sonnenröschen.

Eine für Steingärten besonders geeignete Sorte ist 'Hidcote Blue' (rechts), die nach dem berühmten englischen Garten Hidcote Manor benannt ist. Ihre besonderen Kennzeichen sind ein kompakter, rundbuschiger, gut verzweigter Wuchs und kräftige, tief-violette bis dunkelblaue Blütenähren.

Liatris

Prachtscharte

40–90 cm

VII–VIII

Liatris, auch als Prachtscharte bezeichnet, ist ursprünglich im Osten Nordamerikas beheimatet. Dort findet man sie in Prärien und Gehölzen auf trockenem, steinigem Boden.

Die Stauden bilden Horste aus einfachen, linealen bis lanzettlichen Blättern, die fein behaart sein können. Aus den Horsten entsprießen hohe Stiele mit zahlreichen langen Ähren aus flaumig wirkenden Blüten, die je nach Art und Sorte zwischen Juli und August in violett, purpurrot, purpurrosa oder weiß erstrahlen. Die Blütenähre blüht ungewöhnlicherweise von oben nach unten auf. Die Prachtscharte kann 40 bis 90 cm hoch werden. Die Pflanzen gedeihen gut an einem sonnigen Standort und bevorzugen einen feuchten, humosen, durchlässigen Boden.

Eine der bekanntesten und beliebtesten Arten ist Liatris spicata. Die Staude trägt ihre lange haltbaren, bis 1 cm breiten, rosapurpurnen oder weißen Blütenköpfchen zwischen Juli und August. Die Pflanze wird etwa 40 bis 90 cm hoch und dehnt sich bis zu 45 cm in die Breite aus. Beispiele für bekannte Sorten dieser Art sind die leuchtend karminrot blühende 'Callepsis', die violettlila bis rosapurpur blühende 'Kobold' (40 bis 50 cm hoch) oder die weiß blühende 'Floristan Weiss' (60 bis 90 cm hoch).

Lithodora diffusa

Steinsame

Lithodora diffusa, auch als Ausgebreiteter Steinsame oder Enzianblauer Steinsame bezeichnet, ist in der freien Natur in Kiefernwäldern, in buschigem Gelände oder auch auf Sandböden zu finden. Der immergrüne Strauch bildet Polster und erreicht eine Höhe von etwa 15 bis 20 cm. Die niederliegenden Zweige tragen kleine, flache, lanzettliche Blätter. Diese sind länglich bis elliptisch geformt und von dunkelgrüner Farbe. Besonders dekorativ ist der Steinsame in der Blütezeit von Mai bis Juni. Dann ist er über und über mit zahlreichen, trichterförmigen Blüten bedeckt, welche in rei-

nem Enzianblau leuchten.

Durch seinen ausgebreiteten Wuchs eignet sich Lithodora diffusa besonders gut als Bodendecker. Schöne Bilder entstehen auch, wenn die Zweige kletternd über Hindernisse wachsen oder über Steine sowie Ränder von Troggärten herabhängen. Am besten gedeiht die Pflanze an einem vollsonnigen Standort und in nährstoffreichem, unbedingt kalkfreiem Boden.

Eine der beliebtesten Sorten ist die besonders reich blühende 'Heavenly Blue' mit sehr schönen blauen Blüten. Die Sorte 'Grace Ward' hat besonders große und intensiv gefärbte Blüten; 'Alba' blüht weiß.

15–20 cm

V–VI

Lobularia maritima

DUFTSTEINRICH

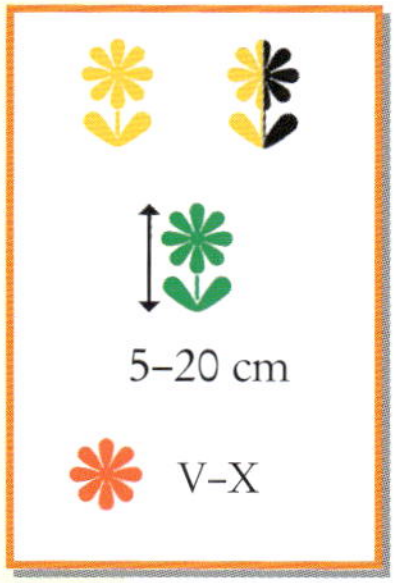

Lobularia maritima wird auch als Strand-Silberkraut oder Strandkresse bezeichnet. Den Namen Duftsteinrich trägt die Pflanze wohl wegen ihres angenehmen, honigartigen Duftes.

Die einjährige Staude bildet flach wachsende Polster und erreicht eine Höhe von etwa 5 bis 20 cm. Zur Blütezeit zwischen Mai und Oktober erscheint ein wahres Blütenmeer aus zumeist weißen, bei einigen Sorten auch rosafarbenen oder purpurvioletten Blüten.

Im Steingarten kann man mit den lang blühenden Sommerblumen sehr schön blütenarme Phasen überbrücken oder kurzfristig Lücken in der Pflanzung schließen. Wenn, wie in vielen Steingärten, die Gebirgspflanzen die eigentliche Attraktion darstellen, sollte man die Sommerblumen eher sparsam einsetzen, damit sie nicht zu sehr von den anderen Pflanzen ablenken. Der Duftsteinrich ist ein idealer Bodendecker und eignet sich auch zur Bepflanzung von Mauern.

Die Pflanze bevorzugt einen sonnigen Standort, kommt aber auch mit Halbschatten zurecht. Sie verträgt einen steinigen Untergrund und gedeiht am besten auf einem gut durchlässigen, kalkhaltigen und eher nährstoffarmen Boden. Nach der ersten Blüte empfiehlt es sich, die Pflanze zurückzuschneiden.

Lupinus

Lupine

40–120 cm

V–VII

Zu den farbenreichsten Beetpflanzen überhaupt gehören die Lupinen, eine Gattung mit über 200 Arten. Mit ihren langen, vollen Blütendolden sorgen sie für auffällige Farbeffekte und sind prächtig zu kombinieren. Die besonderen Farben können eine märchenhafte Atmosphäre verbreiten.

Die Lupinenfamilie besteht aus Stauden und Einjährigen. Charakteristisch sind die zierlichen, fingerförmigen Blätter und die leicht duftenden Schmetterlingsblüten in ihren zylindrischen Dolden.

Besonders bekannt und beliebt sind die Russel Hybriden, die kräftigsten winterharten Lupinen für den Ziergarten. Sie bilden schöne dichte Horste von hellgrünen Blättern und blühen von Mai bis Juli.

In der Höhe variieren die Lupinen zwischen 80 bis 120 cm, wobei die Blütendolden bis zu 60 cm lang werden. Zwerg-Lupinen (Lupinus oder Russel Hybriden) sind besonders für etwas kleinere Steingärten geeignet. Sie werden etwa 40 cm hoch, sind ebenso stark wie die großen Arten und blühen mindestens genauso reichlich.

Lupinen wachsen gern in einem etwas sauren, lockeren Boden mit guter Drainage. Eine Besonderheit dieser Pflanzen ist ihre Fähigkeit, Stickstoff aus der Luft in den Wurzeln zu sammeln. Dadurch reichern sie den Boden zusätzlich mit Dünger an.

Es gibt Lupinen in vielen verschiedenen Farbnuancen: von weiß über gelb, orange, rot und rosa bis hin zu blau oder violett, auch zweifarbig. Wenn man nach der ersten Blüte die Stiele vollständig zurückschneidet, so treiben die Lupinen nochmals aus und bilden im Spätsommer einen zweiten, allerdings schwächeren Blütenflor.

Einige in Steingärten besonders geschätzte Lupinensorten sind die karminrot blühende ‘Edelknabe’, ‘Kastellan’ mit weißen und dunkelblauen Blüten, ‘Kronleuchter’ (gelb) und ‘Schlossfrau’ (weiß und rosa).

Luzula nivea

20–60 cm

VI–VIII

Schneemarbel

Dieses hübsche Gras hat seine Heimat in Nordostspanien, Mittelfrankreich bis nach Slowenien und Mittelitalien. Dort wächst es in lockeren Bergwäldern und liebt einen frischen, humosen Lehmboden. Es bildet eine lockere, horstige Staude mit immergrünen Blättern und besonders schönen, dicken Blütenrispen, deren weißer Färbung es seinen Namen verdankt.

Die Schneemarbel, auch Hainsimse genannt, ist ein herrlich frischgrünes Ziergras für den Steingarten. Sie eignet sich gut als Bodendecker für halbschattige bis schattige Bereiche und verträgt auch den Wurzeldruck größerer Laubgehölze. Die am Rand stark bewimperten Blätter werden 25 bis 30 cm lang und 2 bis 4 mm breit. Die bis zu ca. 60 cm langen Blütenstiele bilden von Juni bis August pro Stängel 6 bis 20 weißliche Blüten aus, die in dichten Büscheln doldentraubig zusammengezogen sind.

Luzula nivea ist ein sehr anspruchsloses Ziergras und in Steinanlagen gut ausdauernd. Die dekorative Pflanze eignet sich besonders gut für Gehölzunterpflanzungen, ist aber auch für Heidepflanzungen geeignet. In Kombination mit Funkien und anderen schattenliebenden Gewächsen ergibt sich ein abwechslungsreiches Bild.

Lychnis

10–100 cm

V–VIII

Lichtnelke

Lychnis, auch Lichtnelke genannt, ist eine mehrjährige, ausdauernde Staude. Es gibt viele unterschiedliche Lychnis-Arten, von denen besonders die kleineren gut für den Steingarten geeignet sind. Besonders schön sind L. alpina und L. coronaria.

LYCHNIS ALPINA: Diese auch als Alpen-Pechnelke bekannte Art kommt ursprünglich auf Felsschutt oder lückigem Rasen in Nordeuropa und den Alpen, dem Apennin und den Pyrenäen vor. Die Grundblätter der Pflanze sind zu einer büscheligen Rosette angeordnet, aus welcher der aufrechte Stängel entspringt. Die purpurroten Blüten, die zwischen Mai und Juli erscheinen, stehen in imposanten, fast kugeligen Blütenständen zusammen. Die insgesamt sehr kompakt wirkende, immergrüne Staude wird etwa 10 bis 15 cm hoch.

Sie gedeiht gut an einem sonnigen bis halbschattigen Platz und auf frischem, kalkarmem, humus-, aber nicht zu nährstoffreichem Boden. Im Steingarten wirkt sie besonders hübsch zwischen Felsspalten und Steinritzen. Auf größeren Flächen kann sie mit der Zeit zu Matten heranwachsen.

LYCHNIS CORONARIA (Foto): Diese Art wird auch als Kranz-Lichtnelke, Kronen-Lichtnelke oder Vexiernelke bezeichnet. Die Pflanze ist mit ihren 80 bis 100 cm eher für größere Steinanlagen geeignet. Sie hat silbergraue, behaarte, filzige Blätter. Mit ihren purpurroten bis karminroten Blüten, die zwischen Juli und August erscheinen, setzt sie interessante Farbakzente. Manche Sorten, wie zum Beispiel 'Alba', tragen weiße Blüten. Die Kranz-Lichtnelke bevorzugt einen sonnigen bis halbschattigen Standort. Der Boden sollte trocken, durchlässig und relativ nährstoffarm sein.

Lysimachia

MÜNZKRAUT

5–80 cm

V–VII

Das Münzkraut, auch Pfennigkraut genannt, ist an Ufern und auf feuchten Wiesen heimisch. Seine Herkunft ist Europa, Japan und Nordamerika. Diese hübsche Pflanze mit ihren pfennigförmigen, glänzenden Blättchen eignet sich hervorragend zum Kaschieren von Rändern.

Auch als Bodendecker im Halbschatten kann man dieses robuste Primelgewächs einsetzen; sehr schnell überzieht es größere Flächen. Aufgrund seines wuchernden Wuchses sollte man es allerdings von wertvollen alpinen Pflanzen fernhalten.

Lysimachia nummularia (rechts) ist eine anspruchslose Pflanze, die mit ihren kleinen, runden Blättern schöne Polster bildet. Von Mai bis Juli zeigen sich die gelben, becherförmigen Blüten. Zum dauerhaften Gedeihen benötigt sie feuchten Boden. Eine bekannte Sorte ist 'Aurea', die durch ihr goldgelbes Laub besonders attraktiv ist und die auch pralle Sonne vertragen kann.

Eine andere beliebte Lysimachia-Art ist die wunderschöne, gelb blühende Lysimachia punctata, der Goldfelberich. Die Staude ist ein unverwüstlicher Dauerblüher (Juni bis August), der ebenfalls stark wuchert und bis zu 80 cm hoch wird.

Magnolia stellata

Sternmagnolie

Magnolia stellata, die aufgrund ihrer sternförmig angeordneten Blütenblätter auch als Sternmagnolie bekannt ist, blüht bereits von März bis April und läutet zusammen mit anderen Frühblühern im Steingarten den Frühling ein.

Der dicht verzweigte, breit-buschige Strauch besitzt schmal verkehrt-eiförmig bis breit-lanzettliche, dunkel- bis hellgrüne Blätter. Die weißen, zuweilen rosa überhauchten Blüten erscheinen noch vor dem Laubaustrieb und hüllen den Strauch in ein prachtvolles, duftendes Gewand ein.

Mit ihrer Höhe von etwa 200 bis 300 cm ist die Sternmagnolie eine relativ kleine und zierliche Magnolien-Art und eignet sich damit besonders gut für den Steingarten. Die Pflanze bevorzugt einen windgeschützten Standort in Sonne oder Halbschatten. Der Boden sollte nährstoffreich, frisch und gut durchlässig sein. Bei Spätfrösten empfiehlt es sich, die frühe Blüte der Sternmagnolie zu schützen.

Bekannte Sorten sind 'Royal Star' mit schön gefüllten Blüten, 'Waterlily' mit etwas größeren Blüten und rosa getönten Knospen, oder 'Rubra' mit purpurrosa Blüten.

Melica ciliata

20–70 cm

V–VI

Wimperperlgras

Die auch Wimperperlgras genannte Pflanze hat ihre Heimat sowohl in Süd-, Mittel- und Südosteuropa, als auch in Nordafrika und im Kaukasus. Man findet sie an sonnigen Berghängen und an Felsen auf kalkhaltigem Untergrund. Auch im Steingarten sollte sie einen Standort erhalten, der ihrem natürlichen Vorkommen möglichst entspricht. Oft findet das sehr dekorative Gras zu wenig Beachtung, dabei ist es eine hübsche Zierde für Steinpartien.

Das Wimperperlgras bildet aufrechte Horste und erreicht eine stattliche Höhe zwischen 20 und 70 cm. Damit eignet es sich eher für etwas größere Steinanlagen. Die sommergrüne Pflanze trägt graugrüne, feine Blätter. Zwischen Mai und Juni erscheinen die leicht überhängenden, dichten, perlenartigen Blütenrispen. Sie sind blassgrün bis hellbraun. Während der Samenreife verfärbt sich der Samenstand gelblich, was den Zierwert des Wimperperlgrases noch verlängert.

Melica ciliata gedeiht gut an einem sonnigen Platz und bevorzugt einen kalkhaltigen, durchlässigen und sandig-humosen Boden. Man sollte darauf achten, dass Pflanzennachbarn das Wimperperlgras nicht zu sehr bedrängen.

Mesembriantheum

Mittagsblume

5–15 cm

VII–IX

Der Ursprung dieser Pflanze liegt in Südafrika. Erst im 18. Jahrhundert gelangte sie nach Europa und Amerika, im 19. Jahrhundert auf die Kanarischen Inseln. Mittlerweile wurde sie auch in Südaustralien und an den Küsten Japans eingeschleppt.

Ihrer Herkunft entsprechend sollte die Mittagsblume im Steingarten einen sonnigen, trockenen Standort haben. Die ein- bis mehrjährige, frostempfindliche Pflanze ist ein schöner Spätsommerblüher; von Juli bis September ist sie von zahlreichen weißen bis rötlichen Blüten mit strahlenförmigen Blütenblättern übersät. Damit stellt sie einen reizenden Lückenfüller dar.

Die meisten Arten der Mittagsblume sind in Mitteleuropa nicht winterhart und auch nicht sehr langlebig. Deshalb sollte man sie als annuelle Gewächse säen oder Stecklinge von perennierenden Arten überwintern.

Eine orangefarbene Art ist Mesembriantheum putarielli. Die Mittagsblume trägt häufig auch die botanische Bezeichnung Delosperma. Eine empfehlenswerte, weil winterharte Art ist Delosperma nubigena. Sie bildet große, hell smaragdgrüne Polster und zahlreiche gelbe Blüten mit rötlichen Staubgefäßen.

SPEZIALISTIN IN FLÜSSIGKEITSVERSORGUNG

Die Mittagsblume (griechisch „mesembria" = Mittag) wächst in der heißen Sonne Südafrikas. Um hier nicht zu verdursten, hat sie sich einen Trick einfallen lassen: Sie hält tagsüber die Luft an! Pflanzen atmen durch Öffnungen auf der Blattunterseite, durch die sie allerdings auch Wasser verlieren. Deshalb verschließt die Mittagsblume tagsüber diese so genannten Spaltöffnungen und atmet erst nach Sonnenuntergang. Das nachts aufgenommene Kohlendioxid wird dann am nächsten Morgen via Photosynthese zu Zucker und Sauerstoff weiterverarbeitet.

Muscari armeniacum

15–30 cm

III–V

Traubenhyazinthe

Die Traubenhyazinthe gehört zur Familie der Liliengewächse (Liliaceae) und ist eine beliebte, anspruchslose Zwiebelpflanze. Diese hübschen kleinen Pflanzen blühen zwischen März und Mai und sind gern gesehene Frühlingsboten. Die Farbpalette bietet je nach Art und Sorte ein breites Spektrum verschiedenster Blautöne. Besonders gut eignen sie sich zur massierten Anpflanzung in sonnigen Steingärten.

Sie bevorzugen voll sonnige Plätze, vertragen aber auch Halbschatten. Besonders gut gedeihen sie in durchlässigen, nährstoffreichen Böden.

Neben Muscari aucheri, Muscari botryoides und Muscari comocum ist Muscari armeniacum, die auch als Armenische Traubenhyazinthe bezeichnet wird, eine weit verbreitete und für den Steingarten gut geeignete Art. Sie ist ursprünglich in Armenien, dem Kaukasus, Kleinasien, Rumänien und Mazedonien beheimatet. Sie wird etwa 15 bis 30 cm hoch und trägt ihre strahlend kobaltblauen, schmal weiß gesäumten Blüten zwischen März und Mai. Eine beliebte Sorte der Muscari armeniacum ist die 'Blue Spike'. Sie trägt himmelblaue, gefüllte Blütenähren.

Myosotis alpestris

5–15 cm

V–IX

Alpenvergissmeinnicht

Das Alpenvergißmeinnicht ist zwar eine nur kurzlebige, meist zweijährige Staude. Es lohnt sich jedoch, diese attraktive Pflanze immer wieder auszusäen, denn dann kann man sich öfter an den hübschen Blüten erfreuen. Wie der Name schon sagt, findet man die Pflanze in den Alpen, sowie auf Bergwiesen und felsigen Plätzen in asiatischen und nordamerikanischen Gebirgen.

Die zierliche Staude wird nur etwa 5 bis 15 cm hoch. Ihre schmalen, etwas zugespitzten, behaarten Blätter sind sattgrün oder bräunlich und im Wuchs sehr buschig, wodurch die Pflanze sehr kompakt erscheint. Die flachen, himmelblauen Blüten stehen in kurzen dichten Wickeln und haben ein winziges gelbes Auge in der Mitte. Sie erscheinen von Mai bis September.

Das Alpenvergißmeinnicht ist eine große Bereicherung für die schattigeren Stellen im Steingarten. Es gedeiht besonders gut auf frischem, feuchtem Boden, der zudem kalk- und nährstoffreich sein sollte. Ansonsten ist es relativ pflegeleicht. In kleinen Gruppen um Felsen oder Mauern gepflanzt, kann man mit den faszinierenden blauen Blüten des Myosotis alpestris wunderschöne Akzente setzen. Als Nachbarn sind Akelei, Glockenblume, Alpenwaldrebe oder Buschwaldrebe zu empfehlen.

Narcissus

NARZISSE

Zusammen mit anderen Zwiebelpflanzen gehören Narzissen in unseren Gärten zu den heiteren Frühlingsboten, die mit schönen Farben und betörendem Duft aufwarten. Der schöne Jüngling Narziss, der in sein eigenes Spiegelbild verliebt war und später in eine Narzisse verwandelt wurde, stand Pate für den Namen der bezaubernden Pflanze. Heutzutage ist ein riesiges Sortiment an verschiedenen Narcissus-Arten erhältlich und es bleibt dem persönlichen Geschmack überlassen, welche man für seinen Steingarten auswählt.

Generell werden Narzissen je nach Art und Sorte 10 bis 45 cm hoch. Ihre überwiegend gelben, manchmal auch weißen oder rosafarbenen Blüten stehen zumeist allein auf einem Stängel und erscheinen zwischen März und Mai.

Je nach Größe und Beschaffenheit des Steingartens hat man die Wahl, ob man das Frühlingsbild von den großblumigen Gartennarzissen bestimmen lassen will, oder ob man auf Wildnarzissenarten zurückgreift, die insgesamt etwas kleiner sind und sich so auch gut in die Gesamtoptik von kleineren Steinanlagen einfügen. Es gibt auch Zuchtsorten, die unter 40 cm bleiben.

Am liebsten sind der Narzisse sonnige bis halbschattige Standorte in gut durchlässigem, nährstoffreichem Boden. Wichtig ist es, die verwelkten Blüten zu entfernen, damit sie keine Samenstände bilden. Die Blätter sollten allerdings stehen bleiben, bis die Pflanzen eingezogen sind, da sie zur Nahrungsaufnahme und Vorratseinlagerung benötigt werden.

Beliebte Arten

- NARCISSUS POETICUS (unten): Diese Art wird auch als Weiße Narzisse oder Dichternarzisse bezeichnet, wahrscheinlich weil ihre attraktive Blütenform und ihr betörender Duft die Dichter von jeher inspiriert haben. Die Pflanze wird etwa 30 bis 45 cm hoch. Die Blüten, die von April bis Mai erscheinen, sind cremeweiß. Bekannte Sorten sind 'Actaea', deren Blüten weiß mit kleinem gelbem, rotgerändertem Auge sind, und 'Recurvus', die weiße Blüten mit einer kleinen, gelben, rotumrandeten Krone trägt.

- NARCISSUS TRIANDUS (oben): Von dieser Art, die auch als Engelstränen-Narzisse bezeichnet wird, sind besonders die kleineren Formen, die nur 10 bis 30 cm hoch werden, für den Steingarten interessant. Die Blüten der Pflanze sind blassgelb bis cremefarben und sitzen zu mehreren an einem Stiel. Bekannte Sorten sind die zitronengelb blühende 'Hawera', und die weiß blühende 'Thalia'.

Nepeta

KATZENMINZE

Nepeta wird auch als Katzenminze bezeichnet, weil die Pflanze Katzen anzieht, die sich gern in ihr wälzen. Die Gattung umfasst etwa 250 verschiedene Arten, die in gemäßigten Gebieten Europas, Asiens, Nordafrikas und den Bergen des tropischen Afrikas beheimatet sind.

Die Pflanze wächst meist niedrig und kriechend und trägt kleine, eiförmige bis lanzettliche, gezähnte Blätter, die mehr oder weniger stark behaart sind und dadurch silbrig- bis graugrün wirken. Besonders beliebt ist die Katzenminze wegen ihrer langen Blütezeit. Zwischen Juni und September schmückt sie sich mit Ähren aus winzigen, zweilippigen Blüten in verschiedenen Blau- und Purpurtönen oder Weiß. Je nach Art und Sorte kann die Staude 25 bis 80 cm hoch werden; sie verströmt einen aromatischen, manchmal leicht zitronenartigen Duft.

Nepeta liebt einen Standort in voller Sonne, kommt aber auch gut mit Halbschatten zurecht. Der Boden sollte gut durchlässig sein. Schneidet man die Pflanze nach der Blüte zurück, kann man einen zweiten Flor anregen. Die Katzenminze lockt nicht nur Katzen, sondern auch Bienen, Hummeln und Schmetterlinge an.

Die ausdauernden Gewächse sind im Steingarten sehr beliebt. Besonders die niedrigen Arten lassen sich hervorragend und vielseitig einsetzen und eignen sich zum Beispiel als Bodendecker, Beetrandpflanzen oder für Trockenmauern.

Beispiele für kleinere und damit für den Steingarten taugliche Arten sind Nepeta x faassenii mit lavendelblauen Blüten und etwa 45 cm Höhe, oder Nepeta racemosa mit dunkel violett- bis fliederblauen Blüten und 30 cm Höhe.

25–80 cm

VI–IX

Nothofagus antarctica

Scheinbuche

Die Scheinbuche, wegen ihrer teilweise nur pfenniggroßen Blätter auch Pfennigbuche genannt, hat ihre Heimat in den Bergen Chiles. Dort ist sie ein bis zu 30 m hoher Baum, während sie bei uns lediglich eine Höhe von etwa 6 bis 10 m erreicht. Meist entwickelt sie sich zu einem Strauch, der durch seine eigenwillige Wuchsform zu einem außergewöhnlichen Blickfang wird.

Nothofagus antarctica wächst sehr häufig mehrstämmig, wobei die unteren Äste manchmal sogar auf dem Boden aufliegen. Bizarr ist die Verzweigung: Die jungen Zweige stehen ganz regelmäßig – wie die Gräten eines Fisches – von den Ästen ab.

Reizvoll sind neben diesem ungewöhnlichen Wuchs auch die kleinen, am Rand stark gekräuselten Blätter, die sich im Herbst leuchtend goldgelb färben. Dagegen sind die Blüten, die im Mai erblühen, eher unscheinbar, ebenso

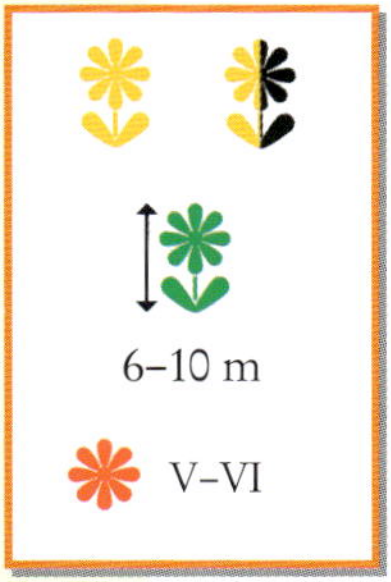

die im Herbst reifenden Früchte. Zum besonderen Zierwert der Scheinbuche trägt allerdings auch noch die sehr schöne, dunkelbraune Rinde mit ihren typischen, hellen Querstreifen bei.

Aufgrund ihres markanten, filigran wirkenden Erscheinungsbildes kommt die Scheinbuche am besten in Solitärstellung

zur Geltung. Langsam wachsend, eignet sie sich auch für kleinere bis mittelgroße Gärten. Sehr gut passt die Scheinbuche auch zu anderen kleinblättrigen Gehölzen, z.B. zu Buchsbäumen, Spindelsträuchern oder Cotoneastern. Gräser wie das Pfeifengras (Molina) oder das Federborstengras (Pennisetum) sind ebenfalls schöne Begleitpflanzen.

Die anspruchslose Scheinbuche gedeiht sowohl an sonnigen als auch an halbschattigen Standorten. Sie bevorzugt einen frischen bis feuchten, gut wasserdurchlässigen, nur mäßig nährstoffreichen, kalkfreien Boden. Schnittmaßnahmen sind nicht erforderlich.

Oenothera missouriensis

Nachtkerze

15–30 cm

VI–IX

Ihre hellgelben Blüten gehen am Abend auf und verblühen am nächsten Morgen – daher der Name Nachtkerze. Aber keine Angst: Von Juni bis mindestens August erscheinen jeden Abend neue Blüten.

Die Oenothera kommen ursprünglich aus den trockenen Steppen und Hügelgegenden Nordamerikas; im 17. Jahrhundert gelangten sie zunächst als Zierpflanzen nach Europa, wo sie sich rasch ausbreiteten und heute typischerweise an unbeachteten Stellen wie Bahndämmen, Aufschüttungen oder Geröllhalden zu finden sind.

Oenothera missouriensis ist von allen Nachtkerzenarten die am längsten blühende. Bis in den September hinein kann die sehr wuchsfreudige, immergrüne Staude ihre becherförmigen, zitronengelben Blüten tragen, die bei dieser Art besonders groß ausfallen: Bis zu 13 cm sind sie breit, und bei älteren Pflanzen können 30 bis 40 Blüten gleichzeitig geöffnet sein.

Die sehr anspruchslose Pflanze bevorzugt nährstoffarmen, kiesigen, sandigen oder steinigen Boden. Sie ist daher für sonnige Böschungen oder Geröllbeete geeignet. Aufgrund ihres liegenden Wuchses sollte die Nachtkerze so gepflanzt werden, dass sie nach unten freien Raum hat. Auch aus Mauern heraushängend gibt sie ein schönes Bild ab.

Als Dauerblüher des Steingartens braucht Oenothera missouriensis viele Partner, um während der langen Blütezeit ihre Attraktivität voll zur Geltung zu bringen. Empfehlenswerte Nachbarpflanzen sind Glockenblumen, Veronica, verschiedene Enzianarten und Ginster; schön ist auch die Kombination mit blaugrünen Gräsern.

Papaver

Mohn

Bei Mohn denkt man sofort an die wunderschönen leuchtendroten Farbtupfer, die die bekannteste Art, der Klatschmohn, in den Sommermonaten auf Wiesen, Äcker und Felder zaubert. Die meisten Arten dieser formenreichen Gattung besiedeln in erster Linie Ackerland. Nur wenige haben sich den Lebensbedingungen in Gebirgen angepasst, wo sie auf Schutt und Geröll gedeihen können. Diese sind natürlich besonders gut für den Steingarten geeignet.

Das wichtigste Merkmal der zierlichen Staude sind wohl die seidig schimmernden Blüten, die ein wenig wie zerknittertes Papier wirken. Sie erscheinen zwischen Mai und Juli einzeln an den schlanken, behaarten Stängeln. Als Knospe noch nickend, richten sie sich in voller Blüte auf und leuchten je nach Art und Sorte in den Farben Rot, Rosa, Gelb, Weiß oder Orange. Die Blätter sind blaugrün, behaart und fiederteilig. Die Pflanze wird insgesamt 20 bis 90 cm hoch.

Am besten gedeihen die Pflanzen in voller Sonne und in gut durchlässigem, frischem Boden. Im Steingarten wirken sie gut in Geröll, in Mauern oder zwischen Felsbrocken. Besonders die kleineren Sorten bieten in Trögen einen attraktiven Anblick. Die folgenden zwei Arten eignen sich gut für Steinanlagen:

- PAPAVER NUDICAULE: Diese auch Islandmohn genannte Art ist in den arktischen und subarktischen Gebieten von Asien und Nordamerika zu finden. Sie wird etwa 20 bis 40 cm hoch und deckt mit ihren zwischen April und September erscheinenden Blüten in weiß, gelb, orange, rosa und rot das gesamte Farbspektrum der Gattung Mohn ab. Der Islandmohn ist eine sehr schöne Schnittblume, wenn er im knospigen Zustand geschnitten wird. Für kleinere Steinanlagen bietet sich die Sorte 'Gartenzwerg' an, die nur 20 bis 30 cm hoch wird.

- PAPAVER ORIENTALE (links): Diese Art wird auch Türkischer Mohn genannt. Wie der Name schon zeigt, ist die Pflanze in der Region von Kleinasien, Armenien, Nord-Iran und im Kaukasus beheimatet. Der Türkische Mohn fällt besonders durch seine imposanten Blüten auf, die bei einigen Sorten bis zu 15 cm groß sein können. Die Blütezeit liegt zwischen Mai und Juli. Auch hier bewegt sich das Farbenspektrum von weiß über alle Schattierungen von rosa, orange bis rot. Die Pflanze kann eine stattliche Höhe von 50 bis 90 cm erreichen. Für den Steingarten sind eher kleinere Sorten geeignet, wie beispielsweise 'Pizzicato', die nur 50 cm hoch wird.

Pennisetum

Federborstengras

50–70 cm

VIII–IX

Pennisetum, auch als Pennisetum alopecuroides bezeichnet, ist im Volksmund wohl wegen seines fedrigen Blütenstandes unter der treffenden Bezeichnung Federborstengras oder Lampenputzergras bekannt. Ursprünglich ist die Pflanze in Asien beheimatet.

Das horstbildende, dicht büschelige Gras besitzt schmale, graugrüne Blätter. Die winzigen, hell- bis rötlichbraunen Blüten erscheinen zwischen Juli und September an 15 bis 25 cm langen, flauschigen Ähren. Besonders beliebt ist die immergrüne Pflanze aufgrund ihrer lang in den Winter hinein zierenden Fruchtstände. Insgesamt erreicht das dekorative Gewächs eine Höhe von 50 bis 70 cm.

Pennisetum alopecuroides bevorzugt einen voll sonnigen Standort. Der Boden sollte frisch, nährstoffreich und gut durchlässig sein. Mit dem prachtvollen Schmuckgras lassen sich im spätsommerlichen Steingarten wunderschöne Effekte erzielen. Es eignet sich ausgezeichnet für Einzel- oder Gruppenpflanzungen, macht sich gut zwischen Steinen, in Wassernähe oder auf Rabatten und kann auch als Kübelpflanze verwendet werden. Eine sehr beliebte Sorte ist die reich blühende 'Hameln'.

Phlox subulata

Polsterphlox

10–15 cm

IV–V

Phlox ist eine besonders artenreiche Gattung von zuverlässig blühenden Pflanzen, von denen sich letztendlich alle Arten für den Steingarten eignen.

Wie die Bezeichnung Polsterphlox schon andeutet, bildet Phlox subulata dichte, flach aufliegende Polster, die etwa 10 bis 15 cm hoch werden. Die Ausbreitung erfolgt mit Hilfe wurzelnder Triebe.

Polsterphlox trägt nadelartige Blätter, die dicht an den verzweigten Trieben stehen. Zur Blütezeit von April bis Mai wird die attraktive Erscheinung der immergrünen Pflanze durch ein üppiges Meer aus kleinen Blüten gekrönt. Diese können je nach Sorte rund, länglich, gekerbt oder sternförmig sein, und ihre Farbpalette reicht von Weiß über Violett, Lavendelblau und Rosa bis hin zu Blau-, Rot- und Purpurtönen.

Der Polsterphlox bevorzugt einen sonnigen Standort und gedeiht auch in Spalten oder feinerem Geröll. Der Boden sollte frisch bis mäßig trocken, nährstoffreich und gut durchlässig sein. Die Pflanze gehört zu den typischen Steingartenpolstern. Sie ist unverzichtbar als Bodendecker, an Trockenmauern oder in Fels-

fugen. Außerdem wirkt sie sehr dekorativ an Beet- oder Wegrändern.

Phlox subulata ist in einer großen Vielzahl von Sorten erhältlich, die sich hauptsächlich in der Blütenfarbe, aber auch in Blütengröße und Wuchs unterscheiden.

Beliebte Sorten sind unter anderem die hellblau blühende, starkwüchsige 'G.F. Wilson', die leuchtendrot blühende, großblütige 'Scarlet Flame', die hellblau blühende 'Emerald Cushion Blue', die rosa weiß gestreifte 'Candy Stripes' oder die rein weiß blühende, starkwüchsige 'White Delight'.

Phyllitis scolopendrium

Hirschzungenfarn

Der Hirschzungenfarn, der zuweilen auch einfach nur Hirschzunge genannt wird, ist eine Pflanzenart aus der Familie der Streifenfarngewächse (Aspleniaceae). Er ist in vielen Gebieten der gemäßigten Zone der nördlichen Halbkugel verbreitet. Eine Besonderheit des Hirschzungenfarns sind seine ganzrandigen, ungefiederten Blattwedel. Dies unterscheidet ihn von allen anderen europäischen Farnen, die meistens ein- bis mehrfach gefiederte Wedel aufweisen.

Mit Farnen lassen sich im Steingarten dekorative Akzente setzen. Besonders interessant für die halbschattigen bis schattigen Plätze im Garten ist der wintergrüne Hirschzungenfarn. Die im späten Frühling neu hervorgebrachten Blätter sind von frischem Hellgrün, während die älteren eher kräftig grün und lederartig fest sind. Er fühlt sich in kalkhaltigen, humosen und sickerfeuchten Böden besonders wohl und erreicht je nach Sorte eine Höhe von etwa 30 bis 40 cm.

Bekannte Sorten sind 'Angustifolia' mit intensiv dunkelgrünen Wedeln, die 2,5 bis 4 cm schmal und 40 cm lang sind, 'Capitata' mit kammartigen, 25 cm langen Blattwedeln, oder 'Crispa' mit an den Rändern gewellten Wedeln.

Picea

Fichte

Fichten sind eine Pflanzengattung innerhalb der Familie der Kieferngewächse (Pinaceae). Es handelt sich um immergrüne Nadelbäume oder Sträucher. Ursprünglich sind sie in den Alpen, außerdem in den deutschen Mittelgebirgen, den Karpaten und Pyrenäen, dem Balkan und in Russland beheimatet.

Innerhalb der Fichten gibt es wiederum verschiedene Arten, wie zum Beispiel die Picea glauca oder die Picea mariana. Die bekannteste Art ist aber sicher die Gewöhnliche Fichte (Picea abies), die wegen ihrer rötlich gefärbten Rinde auch Rotfichte genannt wird.

Mit den Zwergsorten dieser Fichtenarten, die zwischen 20 und 100 cm hoch werden, lassen sich im Steingarten besonders attraktive Akzente setzen. Der Wuchs ist je nach Art und Sorte kegelförmig, kugelig, breit, Kissen bildend oder säulenförmig. Die Pflanzen sind relativ robust und vertragen wie die größeren Arten Wind und niedrige Temperaturen. Sie haben steife, scharf zugespitzte Nadelblätter, die meist von dunkelgrüner Farbe sind.

Beliebte Sorten bei den Picea abies sind zum Beispiel 'Compacta', eine kugelige, gedrungene und sehr dichte Sorte, 'Little Gem' mit flach kugeliger Form, 'Inversa', eine sehr dekorative Hängefichte (unten), oder die Nestfichte 'Nidiformis' mit ausladendem Wuchs und abgeflachter Krone.

Beliebte Sorten unter den 'Picea glauca' sind die Zuckerhut-Fichte 'Conica' mit kegelförmigem Wuchs und dichter dunkelgrüner Benadelung, oder 'Echiniformis' (links) mit flach-kugeligem Wuchs und blaugrün bereiften Nadeln.

20–100 cm

IV–VI

Pinus

Kiefer

In ca. 100 verschiedenen Arten wächst die Kiefer zwischen dem Polarkreis und dem Äquator. Früher nannte man unsere heimische Kiefer auch Feuer- oder Fackelbaum. Das war zu einer Zeit, als es noch kein elektrisches Licht gab. Aus dem besonders harzreichen Holz schnitt man die so genannten Kienspäne, die als Fackeln dienten. Kiefernharz, auch Terpentin oder Balsam genannt, ist ein altes Heilmittel, und das ätherische Öl aus den Kiefernnadeln wird unter anderem als Badezusatz verwendet.

Die Kiefer gehört zu den bescheidensten Gehölzen überhaupt, gleichzeitig aber auch zu einer der schönsten und formenreichsten Pflanzenfamilien. Kiefern sind lichthungrige Bäume und vertragen keine Beschattung. Sie gedeihen auf fast allen Böden, wenn diese nicht zu feucht sind. An den Triebspitzen bilden sich im Mai die so genannten Kerzen (Austriebsspitzen). Wenn man diese einkürzt, erhält man schöne kompakte Gehölze. Während einige Arten nur in großen Gärten Platz haben, bleiben andere Arten und ihre zahlreichen Zuchtformen ziemlich klein und eignen sich somit gut für den Steingarten.

- PINUS MUGO: Berg-Kiefer. Von der Berg-Kiefer gibt es zahlreiche kleinwüchsige Sorten und Gartenformen, z.B. die Sorte Pinus mugo 'Mops', eine Zwergkiefer, die flachkugelig wächst und Kissen bildet. Die Pflanze wird in 10 bis 15 Jahren 30 bis 40 cm hoch und 50 bis 60 cm breit. Noch kleiner ist die Sorte 'Minimops', die für Steingärten jeglicher Größe ideal geeignet ist.

- PINUS MUGO MUGHUS: Krummholz-Kiefer. Durch ihren natürlichen Standort in den Alpen ist die Krummholz-Kiefer an starke Sonneneinstrahlung und hohe Frosttemperaturen gewöhnt. Ihr Wuchs ist gedrungen-buschig, nach 5 Jahren ist sie ca. 50 bis 60 cm breit und 40 bis 50 cm hoch. Im Alter kann sie bis 1,5 m hoch und breit werden.

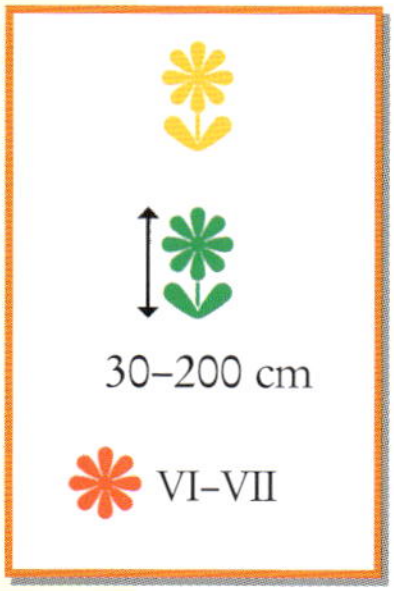

- PINUS PARVIFLORA: Mädchen-Kiefer. Beliebt ist vor allem die Blaue Mädchen-Kiefer, die Pinus parviflora Glauca, ein sehr zierlicher, vielgestaltiger Baum, der bei langsamem Wuchs in 10 bis 15 Jahren 120 bis 150 cm hoch wird. Die Nadeln sind blaugrün bis silbrigblau, die Zapfen hellbraun.

- PINUS PUMILA: Zwerg- oder Pummel-Kiefer. Auch bei dieser Art ist die Glauca, also die Blaue Pummel-Kiefer, besonders beliebt. Sie wird mit sehr kräftigen Ästen und breitbuschigem Wuchs etwa 1 m hoch und fällt durch ihre intensiv graublau gefärbten Nadeln auf.

Polypodium vulgare

Tüpfelfarn

Wenn man an Farne denkt, hat man sicher nicht gleich das Wattenmeer vor Augen, sondern eher einen lichtdurchfluteten Wald, vielleicht sogar den Tropenwald. Trotzdem ist in den Dünen fast überall ein Farn zu sehen, der für diesen Lebensraum typisch ist – der Tüpfelfarn.

Er ist vor allem in Norddeutschland weit verbreitet. Hier wächst er in bodensauren Eichenwäldern oder in den Fugen alter Sandsteinmauern, und eben auch an der Küste, wo man ihn auf den schattigen Nord- und Osthängen der Dünen findet. Die Sonnenseite behagt ihm nicht, da er dort von Austrocknung bedroht ist. Dass er überhaupt im Freiland ohne schützendes Baumdach gedeihen kann, liegt an der hohen Feuchtigkeit der Seeluft.

Im Gegensatz zu den meisten heimischen Farnen, die stark zerschlitzte Fiederblättchen haben, sind die Blätter des Tüpfelfarns einfach gekämmt.

Im Sommer bilden sich an ihrer Unterseite Doppelreihen von Sporenkapseln aus, die zur Reifezeit im Winter braun werden. Diesen Sporentüpfeln verdankt die Pflanze ihren Namen.

Polypodium vulgare (übersetzt gewöhnlicher Vielfüßer, was sich auf die verzweigten Wurzelstöcke bezieht) ist mit seinen dreieckigen, dunkelgrünen, ledrigen Wedeln ein dekorativer Farn für den Steingarten. In den schattigeren Bereichen, wie etwa unter Bäumen, kommt er gut zur Geltung. Das Gewächs ist kein echter Bodendecker, hat aber schon etwas die Tendenz dazu. Auch für Mauerspalten ist es gut geeignet. Der Tüpfelfarn ist wintergrün, wenn ausreichend Laub um die Pflanze herum aufgeschichtet wird. Der Boden sollte kalklos sein, der Standort im Halbschatten oder Schatten. Geeignete Begleitpflanzen sind z.B. Elfenblume, Fingerhut, Salomonssiegel und Silberkerze.

Polystichum setiferum

Schildfarn

40–75 cm

Farne gehören wohl zu den ältesten bekannten Pflanzen. Man findet sie wild wachsend in allen Teilen der Welt und in unzähligen Variationen.

Im Steingarten sind die Farne als grüne Verschönerung für die absonnigen bis schattigen Plätze unentbehrlich. Oft wirken sie besonders gut im Verein mit Laub- und Nadelhölzern oder in Gesteins- und Mauerfugen.

Polystichum setiferum wird auch als Schildfarn oder Filigranfarn bezeichnet und gehört wohl zu den elegantesten Farnarten. Er bildet trichterförmige, breit ausladende Büsche, und seine Stiele sind mit Schuppen und Haaren besetzt.

Besonders attraktiv wirkt das immergrüne Gewächs durch seine filigranen Wedel. Diese sind mehrfach gefiedert, mattgrün, weich und glanzlos. Die buschige Pflanze wird durchschnittlich 40 bis 75 cm hoch.

Der Schildfarn bevorzugt einen halbschattigen Standort, kommt aber auch an absonnigen Stellen noch zurecht, wenn genügend Feuchtigkeit vorhanden ist.

Potentilla

Fingerkraut

Potentilla gehört zur Familie der Rosengewächse (Rosaceae) und kommt in einer Vielzahl von Arten vor, von denen die kleinwüchsigen besonders interessant als Steingartenpflanzen sind.

Die flach aufliegenden oder kleinbuschigen Stauden tragen grün bis silbrig behaarte, mehrteilig gefingerte oder gefiederte Blätter. Die Blüten, die sich je nach Art und Sorte zwischen April und September zeigen, sind relativ klein, was allerdings durch ihre überreiche Fülle und die Leuchtkraft ihrer Farben ausgeglichen wird.

Im Steingarten macht sich das Fingerkraut gut an einem voll sonnigen Standort in Geröll, Spalten oder in Mauern. Der Boden sollte gut durchlässig sein.

Beliebte Arten

- POTENTILLA ALBA: Diese Art wird auch als Weißes Fingerkraut bezeichnet. Die Pflanze wird etwa 12 bis 25 cm hoch und trägt weiße Blüten von April bis Juni.

- POTENTILLA AUREA: Diese Pflanze blüht zwischen Mai und Juli gelb und wird etwa 5 bis 10 cm hoch. Eine bekannte Sorte ist ‘Goldklumpen’.

- POTENTILLA NEUMANNIANA: Diese Art wird wird auch Frühlings-Fingerkraut genannt, denn sie trägt ihre gelben Blüten bereits ab April. Eine besonders beliebte Sorte ist die nur 3 bis 5 cm hohe ‘Nana’.

- POTENTILLA NITIDA: Diese Art wird auch als Dolomiten-Fingerkraut bezeichnet. Die Pflanze wird 2 bis 8 cm hoch und blüht von Juli bis September in Rosa.

3–30 cm

IV–IX

Primula auricula

Primel

5–120 cm

III–IV

Neben Schneeglöckchen und Krokussen gehören Primeln zu den beliebtesten Frühlingsboten. Nach dem Grau des Winters sorgen sie für fröhliche Farbtupfer in jedem Garten.

Die Gattung Primula (übersetzt in etwa „kleiner Erstling“) umfasst über 550 Arten und ist damit beinahe unüberschaubar. Ausnahmslos sind es zart und anmutig erscheinende Pflanzen, die überwiegend als so genannte Rosettenstauden wachsen. Aus deren Mitte erheben sich die Blütenstiele. Diese tragen einzelne oder auch zu reichblütigen Ständen vereinte, röhren- bis tellerförmige Blüten.

Beliebte Primelarten

- PRIMULA AURICULA: Diese zur Sektion der Auricula gehörende, auch Alpenaurikel genannte Art ist in den Hochgebirgen heimisch, wo sie in Felsspalten, auf Schutt und alpinen Matten wächst. Sie mag kalkhaltige, humose und steinige Böden. Gut geeignet ist sie daher für den Steingarten in sonniger bis halbschattiger Lage. Von April bis Juni trägt sie gelbe Blüten; sie wird ca. 10 cm hoch.

- PRIMULA DENTICULATA: Die Kugelprimel gehört zur Sektion Denticulata. Sie nimmt im Halbschatten mit jedem Gartenboden vorlieb. Wenn sie in voller Sonne gedeihen soll, benötigt sie einen sumpfigen Boden. Es gibt sie in Sorten mit rosa, violetten oder weißen Blüten, und sie kann eine Höhe von etwa 20 cm erreichen.

- PRIMULA JAPONICA: Die Etagenprimel gehört zur Sektion der Candelabra, bei denen die Blütenquirle etagenförmig angeordnet sind und an langen Blütenstielen sitzen. Die ausdauernde Staude benötigt einen halbschattigen bis schattigen Platz in lehmig-feuchten, aber durchlässigen Böden an Gehölzrändern. Der Fachhandel führt Sorten in verschiedenen Farben.

- PRIMULA VERIS: Zur Sektion Veris gehört die gelb blühende Echte Schlüsselblume, als heimische Wiesenpflanze sicher eine der bekanntesten Primelarten überhaupt. Auch sie sollte im Steingarten nicht fehlen. Die Schlüsselblume mag einen halbschattigen Standort am Gehölzrand in einem humosen Boden.

Generell eignen sich Primeln im Steingarten für Felsspalten oder in feinerem Geröll. Als Pflanzennachbarn kommen z.B. Saxifraga, Enzian, Nelken oder Glockenblumen in Frage.

Prunus tenella

50–120 cm

IV–V

Zwergmandel

Nachdem die Blütengehölze früher zu groß für die meisten Steinanlagen waren, gibt es nun eine Fülle von Zwergformen, deren Blüten einen hohen Zierwert für den Steingarten mit sich bringen. Eine davon ist Prunus tenella, die Zwergmandel. Sie ist ursprünglich im östlichen Mitteleuropa, in Mittelasien und Ostsibirien verbreitet.

Die Pflanze wächst breitbuschig und 50 bis 120 cm hoch. Der kleine, fein verzweigte und vieltriebige Strauch ist sommergrün. Seine grünen bis braunen Zweige sind kahl und glänzend; im zweiten Jahr geht ihr Farbton ins Silbergräuliche. Die Pflanze trägt 3 cm lange Blätter, die am Rand scharf gesägt sind. Das Laub treibt zwischen April und Mai aus.

Gleichzeitig erscheinen auch die attraktiven, lebhaft rosaroten Blüten, wodurch die Zwergmandel einen wirklich prachtvollen Anblick bietet. Auch die Früchte der Pflanze sind sehr dekorativ. Sie entwickeln sich etwa ab August und verschönern den spätsommerlichen bis herbstlichen Steingarten.

Die Pflanze bevorzugt einen sonnigen Standort und gedeiht am besten in kalkhaltigem, humosem Boden. Im Steingarten wirkt die Zwergmandel gut, wenn sie zwischen schmalen Steinbändern umherwandert. Sie ist Ausläufer treibend und eignet sich dadurch auch als Bodendecker.

Pulsatilla vulgaris

Küchenschelle

Pulsatilla vulgaris, auch Küchenschelle oder Kuhschelle genannt, ist in der freien Natur auf Trockenrasen und -heiden sowie an trockenen, kalkhaltigen Hängen von England bis zur Ukraine verbreitet. Ihr wichtigstes Merkmal sind die besonders großen, glockenförmigen Blüten, die ihr sowohl den deutschen Namen Schelle als auch die botanische Bezeichnung eingebracht haben, denn pulsare kommt aus dem Lateinischen und bedeutet schlagen oder läuten. Im Steingarten gehören sie zu den beliebtesten Frühjahrsblühern.

Besonders schön wirkt die Staude auch durch ihre silbrige, seidige Behaarung auf Knospen, Stängel und Laub, die sie in der Sonne wunderschön glitzern lässt. Die Blätter sind stark gefiedert und von dunkelgrüner bis graugrüner Farbe. Pulsatilla vulgaris trägt zumeist violette, aber auch weiße, rosafarbene oder rote Blüten, die sich bereits sehr zeitig im Frühjahr, von März bis Mai, entfalten. Wenn diese verwelkt sind, bilden sich federartige Fruchtstände, die wie zottige

Perücken wirken und auch sehr dekorativ sind. Die Pflanze wird etwa 15 bis 30 cm hoch.

Die Küchenschelle gedeiht am besten an einem sonnigen, warmen Standort und auf durchlässigem, kalkhaltigem und magerem Boden, der mäßig trocken bis frisch sein sollte. Sie findet ihren Platz im Steingarten in kleinen Nischen, in feinem Schutt oder auf Geröll. Geeignete Pflanzennachbarn sind Steinbrech, Primeln, Enzian oder Glockenblumen. Auch mit Gräsern, Thymianarten oder Adonisröschen lassen sich attraktive Bilder schaffen.

Beim Hantieren mit der Pflanze ist Vorsicht geboten, da alle Pflanzenteile giftig sind und Hautreizungen verursachen können.

Bekannte Sorten der Küchenschelle sind die weiß blühende 'Alba', die weinrot blühende 'Rubra', die intensiv rot blühende 'Rote Glocke' und die rein weiß blühende Sorte 'Weißer Schwan'.

15–30 cm

III–V

Rhododenron-Hybriden

Rhododendron

Mit seiner Blütenpracht ist der Rhododendron aus unseren Parks und Gärten gar nicht mehr wegzudenken. Viele Menschen assoziieren Rhododendron automatisch mit England, weil es dort haushohe, breite Büsche gibt. Dass die Pflanze auf der Insel so üppig gedeiht, liegt am milden, nebligen Seeklima. Die eigentliche Heimat des Rhododendrons aber ist Asien: Japan, Sumatra, Malaysia und vor allem das Himalaja-Gebiet, wo er in wuchernden Wäldern ganze Hügelzüge bedeckt.

Vor fast 300 Jahren gelangten Samen dieser Wildarten nach Europa. Seither hat der Rhododendron seinen Siegeszug angetreten. Die Züchter experimentierten so lange, bis sie ihn für Nordeuropa winterhart hatten. So ist er als immergrüne Pflanze auch in der kalten Jahreszeit attraktiv.

Aus der schier unüberschaubaren Fülle der Rhododendron-Arten werden nachfolgend einige beschrieben, die auch für kleinere Steinanlagen geeignet sind:

RHODODENDRON PRAECOX: Vorfrühlings-Alpenrose. Sie läutet den Reigen der Rhododendron-Blüte ein; bei milder Witterung blüht sie manchmal schon im Februar, sonst von März bis April, mit leuchtend lila-rosa Blüten. Der immergrüne Strauch hat oval geformte Blätter, die dunkelgrün glänzen und aromatisch duften. Die Vorfrühlings-Alpenrose wächst locker aufrecht und wird etwa 1,20 bis 1,50 Meter hoch. Wichtig ist ein geschützter Standort: Zwar ist die Pflanze selbst absolut winterhart, aber ihre Blüten sind durch Spätfröste gefährdet. Nach einer Frostnacht sind die Blüten meistens erfroren oder stark geschädigt. Bei Spätfrostgefahr sollten die Pflanzen mit Folie oder Vlies geschützt werden.

120–150 cm

III–IV

Der Gärtnertipp

Rhododendron verlangt schattige Plätze und feuchte Böden. Eine wesentliche Voraussetzung für das gute Gedeihen dieser Pflanzen ist jedoch, dass die Erde am Standplatz sauer, das heißt kalkfrei ist. Deshalb pflanzt man Rhododendren in Löcher von etwa 30 cm Tiefe, der ausgehobene Boden wird 1:1 mit Torf vermischt. Die Pflanzen sind regelmäßig zu wässern.

- RHODODENDRON HIRSUTUM: Bewimperte Alpenrose. Der 30 bis 100 cm hohe, reich verzweigte, rundliche Strauch besitzt dicht beblätterte, immergrüne Zweige. Die oberseits frischgrün glänzenden, unterseits mit Drüsenschuppen besetzten Laubblätter sind am Rand dicht bewimpert. Im Mai/Juni entfalten sich zahlreiche, trichterförmig-glockige Blüten. Sie sind purpurrosa, innen weißhaarig und stehen in 3 bis 10-blütigen Doldentrauben.

- RHODODENDRON OBTUSUM JAPONICUM: Japanische Azaleen-Hybriden. Sie haben, wie der Name bereits ausdrückt, ihren Ursprung in Japan. Es handelt sich um Laub abwerfende, sommergrüne Sträucher, die im Wuchs kleiner sind als die immergrünen Rhododendron-Arten. Sie wachsen meist niedrig, breit und dicht und werden kaum über 1 m hoch. Die vielen verschiedenen Sorten tragen eine überreiche Blüte in den Farben rot, orange, rosa oder weiß. Besonders geeignet sind diese Hybriden als Gruppe vor anderen Rhododendren.

Robinia hispida

Strauchrobinie

150–300 cm

V–VI

Die Robinia hispida wird als Strauchrobinie, gelegentlich aber auch als Borstige Robinie bezeichnet und kommt in der Natur in humiden, sommerwarmen Regionen im südöstlichen Nordamerika vor.

Besonders beliebt sind Robinien wegen ihrer wechselständigen, gefiederten Blätter und der sehr dekorativen, hängenden Blütentrauben. Der große Strauch wächst aufrecht, ist sparsam verzweigt und erreicht eine Höhe bis etwa 300 cm. Seine gefiederten Blätter sind auf der Oberseite dunkelgrün, auf der Unterseite graugrün.

Die Zweige sind dicht mit roten Borsten besetzt. Die besonders schönen, hell rosaroten Blüten erscheinen von Mai bis Juni in hängenden Trauben, die im Herbst zu ebenfalls dekorativen, borstigen braunen Hülsen reifen.

Die Pflanze gedeiht am besten in voller Sonne. An den Boden stellt sie keine hohen Ansprüche. Am besten gedeiht sie auf feuchtem, aber wasserdurchlässigem Boden, kommt aber auch mit armen und eher trockenen Böden zurecht. Aufgrund ihrer sehr brüchigen Zweige sollte die Robinie an einem möglichst windgeschützten Standort gepflanzt werden.

Eine sehr beliebte und häufig verwendete Sorte der Strauchrobinie ist 'Macrophylla', die auch unter der Bezeichnung Großlaubige Borstenrobinie bekannt ist.

Rosmarinus officinalis

Rosmarin

15–150 cm

III–VI

Rosmarinus officinalis, oder einfach Rosmarin genannt, gehört wohl zu den bekanntesten Gewürzpflanzen und fehlt in kaum einem Kräutergarten. Besonders aus der mediterranen Küche ist das aromatische Gewürz nicht wegzudenken. Zudem wird Rosmarin eine heilende Wirkung bei Verdauungsbeschwerden, rheumatischen Erkrankungen oder Kreislaufproblemen nachgesagt. Ursprünglich ist die Pflanze im Mittelmeerraum beheimatet, wo man sie an felsigen Stellen, in Wäldern, Gebüschen oder Gestrüpp findet.

Beliebt ist der langsam wachsende, immergrüne Strauch nicht nur wegen des aromatischen Geschmacks seiner schmalen, nadelartigen, grünblauen Blättchen. Auch die hellblauen bis blauvioletten Lippenblüten, die zwischen März und Juni erscheinen, wirken sehr dekorativ.

Die ganze Pflanze verbreitet besonders an warmen, sonnigen Tagen einen angenehmen, aromatischen Duft. Sie kann je nach Sorte eine Höhe von 15 bis 150 cm erreichen.

Am besten gedeiht Rosmarin an einem voll sonnigen und hellen Standort und in gut durchlässigem Boden. Besonders die kleinen, niedrigwüchsigen Sorten des Rosmarinus officinalis sind ideale Pflanzen für den Steingarten. Ein gutes Beispiel hierfür ist die blau blühende 'Prostratus', die nur 15 cm hoch wird.

Rudbeckia

SONNENHUT

70 cm

VII–IX

Der große Zierwert der Rudbeckia, auch Sonnenhut genannt, liegt vor allem in ihren dekorativen, fröhlichen, gelben Blüten. Sie scheinen die Sommersonne im Garten geradezu widerzuspiegeln. Die ursprünglich aus Nordamerika stammende Pflanze ist robust und relativ anspruchslos, was sie zu einem beliebten Gewächs für den Steingarten macht.

Besonders schön ist die Sorte Rudbeckia fulgida sullivantii 'Goldsturm', weil sie mit ihrer Höhe von 70 cm relativ klein bleibt. Die Pflanze besitzt verzweigte oder unverzweigte Stängel mit schmalen, eilanzettlichen, dunkelgrünen Laubblättern, die einen schönen Kontrast zu den großen, leuchtenden Blüten darstellen. Diese sind gelb mit dunkler Mitte und erscheinen in einem überreichen Flor zwischen Juli und September.

Der Sonnenhut liebt einen sonnigen Standort und einen nährstoffreichen, frischen, durchlässigen Boden. Im Steingarten sind die auffallenden gelben Blüten eine willkommene Bereicherung des Staudensortiments.

Da sie erst relativ spät erscheinen, verschönern sie den Garten im Spätsommer bis in den frühen Herbst hinein, wenn viele andere Pflanzen bereits verwelkt sind. Die Pflanze eignet sich gut in kleinen oder großen Gruppen gepflanzt für Beete und Rabatten. Sie ist auch eine schöne Schnittblume.

Salix lanata

100 cm

III–IV

WOLLWEIDE

Weiden sind sehr vielgestaltige Gehölze und in ihren verschiedenen Arten auf vielerlei Weise im Garten einsetzbar. Besonders beliebt sind sie aufgrund ihres Wuchses, des Laubes und der zumeist sehr dekorativen Kätzchen.

Salix lanata, auch als Wollweide bekannt, gehört mit ihrer Höhe von 100 cm zu den Zwergweiden. Sie kommt in der Natur auf frischen Wiesen, an Wasserläufen oder auf Schotterböden in den Hochgebirgen des südlichen Skandinaviens bis nördlich des Polarkreises und in Nordasien vor.

Der gedrungene, rundliche, buschig wachsende Strauch trägt dicke, sparrig verzweigte Äste. Die jungen Triebe und Winterknospen der Pflanze sind dicht weiß-wollig behaart, was ihr wohl den Namen Wollweide eingebracht hat. Auch die jüngeren Blätter haben dichte und lange weiße Härchen, verkahlen aber später und bekommen eine trübgrüne Oberfläche und blaugrüne Unterseite.

Noch vor dem Laubaustrieb erscheinen zwischen März und April die elliptischen, langen goldgelben bis graugelben Kätzchen. Sie machen die Wollweide zu einer sehr attraktiven

Zierpflanze für den Steingarten. Salix lanata bevorzugt einen Platz in der Sonne und einen frischen bis mäßig trockenen, gut durchlässigen Boden.

Salvia nemorosa

Salbei

30–50 cm

VI–IX

Salbei ist in erster Linie als Gewürz- und Heilpflanze bekannt. Bereits in der Antike wurde Salbei als Heilmittel verwendet. Daher auch der botanische Name, der sich vom lateinischen Wort „salvare" ableitet, was so viel wie heilen oder retten bedeutet. Diese Pflanze kommt weltweit in den gemäßigten und tropischen Breiten vor. Man findet sie an sonnigen Stellen, zum Beispiel auf trockenen Wiesen, felsigen Hängen, unter lichten Gehölzen oder in feuchtem Grasland.

Der Halbstrauch trägt lanzettliche, grüne bis silbergraue Blätter, die mehr oder minder behaart sein können. Die Farbpalette der zwischen Juni und September erscheinenden Blüten reicht von Blau über Violett und Rosa bis zu Rot oder Weiß.

Salbei bevorzugt einen trockenen, lockeren und durchlässigen Boden und einen windgeschützten Standort in voller Sonne.

- SALVIA NEMOROSA: Mit den blauen bis violetten Blütenkerzen dieser auch als Waldsalbei bekannten Art lassen sich dekorative Akzente im Steingarten setzen. Das frischgrüne Laub duftet angenehm aromatisch. Die Pflanze blüht zwischen Juni und September, je nach Sorte in Violett, Purpur, Rosa oder sogar Weiß. Salvia nemorosa erreicht eine Höhe von bis zu 50 cm. Bekannte Sorten sind die purpurrot blühende 'Lubecca', die violett blühende 'Ostfriesland' oder die weiß blühende 'Schneehügel'.

- SALVIA OFFICINALIS: Diese auch als Gartensalbei bezeichnete Art ist das traditionelle Heil- und Gewürzkraut mit den aromatischen Blättern. Die Pflanze trägt ihre fliederfarbenen Blüten von Juni bis August und wird etwa 45 bis 50 cm hoch. Beliebte Sorten sind die violett blühenden 'Aurea' und 'Purpurascens' sowie die blau blühende 'Tricolor'.

Saponaria ocymoides

Rotes Seifenkraut

Ihren Namen Seifenkraut hat die Pflanze, weil die in ihr enthaltenen Saponine in wässriger Lösung wie Seife schäumen. Auch der botanische Name leitet sich vom lateinischen Wort für Seife, „sapo“, ab. Das Seifenkraut wurde früher als Waschmittel benutzt. Zudem soll es eine medizinische Wirkung haben: Es soll Schleim in den Bronchien verflüssigen und dadurch bei Atemwegserkrankungen helfen sowie bei der Bekämpfung von Hautausschlägen und Ekzemen hilfreich sein.

Die ursprünglich auf Gebirgshängen in Süd- und Südosteuropa beheimatete Pflanze ist wegen ihres Breitenwachstums hauptsächlich für größere Steinanlagen geeignet. Sie bildet mit ihren meist niederliegenden, zierlich beblätterten Trieben ausladende Teppiche, die etwa 10 bis 20 cm hoch werden. Die Blätter sind länglich bis nadelförmig. Besonders attraktiv wirkt das Seifenkraut in den Sommermonaten Juni und Juli, wenn die immergrünen Polster mit einer Fülle hübscher, kleiner Blüten übersät sind. Diese stehen in dicht ge-

drängten Trugdolden. Das Farbspektrum bewegt sich dabei im Bereich rot oder rosa, es gibt allerdings auch weiß blühende Sorten.

Saponaria ocymoides gehört zu den beliebten, eher anspruchsloseren Steingartenpflanzen. Es bevorzugt einen sonnigen Standort und einen frischen, gut durchlässigen, kalkhaltigen Boden. Im Steingarten gedeiht es in Felsspalten oder Geröll. So kann es Geröllbeete oder Schutthänge begrünen und dabei den lockeren Untergrund festigen. Außerdem eignen sich die dekorativen, leuchtenden Polster zur Verschönerung von Trockenmauern.

10–20 cm

VI–VII

Bekannte Sorten sind die weiß blühende 'Alba', die dunkelrote und kompakte 'Rubra Compacta' oder die intensiv rosarot blühende 'Splendens'.

Saxifraga

Steinbrech

3–80 cm

IV–VIII

In seiner unglaublichen Vielfalt an Arten und Sorten gehört die Gattung Saxifraga, auch Steinbrech genannt, zu den wichtigsten Pflanzen im Steingarten. Aus der unendlichen Vielfalt der Steinbrech-Gewächse sollen einige Arten im Folgenden beschrieben werden.

SAXIFRAGA COTYLEDON (rechts): Diese Art ist auch unter den Bezeichnungen Silberfahnensteinbrech, Rosettensteinbrech oder Prachtsteinbrech bekannt. Sie ist ursprünglich in Mitteleuropa, Skandinavien, Island und Nordamerika beheimatet. Mit seinen 15 bis 80 cm hohen, stark verästelten Blütenrispen fällt der Silberfahnensteinbrech besonders auf. Ein bezeichnendes Merkmal sind seine mehr oder weniger stark kalkbekrusteten Rosetten, deren zungenförmige, silbrig schimmernde Blätter wohl für seinen Namen verantwortlich sind. Die meist weißen, manchmal auch gelben Blüten erscheinen zwischen Juni und August. Die Pflanze fühlt sich an einem absonnigen Platz besonders wohl, kann aber unter Umständen auch volle Sonne vertragen. Der Boden sollte gut durchlässig, frisch und gege-

benenfalls etwas kalkhaltig sein. Im Steingarten eignet sich diese Art gut in Felsspalten, Mauerfugen oder auf steinigen Abhängen. Bekannte Sorten sind 'Caterhamensis', deren weiße Blüten rote Punkte haben und die weiß blühende 'Pyramidalis'.

- SAXIFRAGA DACTYLOIDES (links): Zu dieser Gruppe zählen die moosartig wachsenden Saxifraga-Arten. Sie zeichnen sich durch Teppiche aus unzähligen Rosetten mit grünen, weichen Blättern aus, mit denen sie den Untergrund pelzartig überziehen. Bekannte Arten innerhalb dieser Gruppe bilden die Arendsii-Hybriden, der Alpenmoossteinbrech (S. muscoides) sowie der Gabelsteinbrech (S. trifurcata). Die verschiedenen Arten tragen ihre weißen, rosafarbenen, roten oder gelben Blüten zwischen April und Juni. Die Pflanzen werden 5 bis 25 cm hoch. Alle Arten lieben kühle, absonnige bis halbschattige Plätze und gut durchlässige, humose Böden. Sie eignen sich gut zur Bepflanzung von Abhängen, in Felsnischen und Mauern oder auch zwischen größeren Felsblöcken. Bekannte Sorten der Arendsii-Hybriden sind beispielsweise die dunkelrosa blühende 'Rosenzwerg', die dunkelrot blühende 'Triumph' oder die weiß blühende 'Grandiflora Alba'.

- SAXIFRAGA MOSCHATA: Diese Art wird auch als Moschus-Steinbrech bezeichnet. Sie wird etwa 3 bis 10 cm hoch und duftet stark nach Harz. Saxifraga moschata blüht von Juli bis August.

Scilla

Blaustern

Aufgrund ihrer zumeist blauen, sternförmigen Blüten wird Scilla auch als Blaustern bezeichnet. Die Pflanzen sind ein wahrer Blickfang und sorgen im Steingarten für eine fröhliche Frühlingsstimmung. Sie sind pflegeleicht und nahezu unverwüstlich – Eigenschaften, die sie besonders wertvoll für den Steingarten machen.

Am besten gedeihen die Pflanzen an einem sonnigen bis halbschattigen Standort. Manche Arten kommen auch noch mit lichtem Schatten zurecht. Der Boden sollte frisch, durchlässig und humos sein. Im Steingarten empfiehlt sich, wie bei allen kleinen Zwiebelblumen, die Pflanzung in Gruppen. Einige Exemplare eignen sich auch für Tröge. Die besonders vermehrungsfreudigen Arten sollten in Randbereichen platziert werden, zum Beispiel im Prachtstaudenbeet oder am Gehölzrand.

BELIEBTE ARTEN

- SCILLA HISPANICA (rechts): Diese ursprünglich in Spanien und Portugal beheimatete Art wird auch als Glockenscilla bezeichnet, weil ihre zahlreichen kleinen Blüten, die in pyramidalen Trauben an den kräftigen Stielen stehen, glockenförmig sind. Meist blüht die Pflanze blau, es gibt aber auch lila, rosafarbene oder weiße Sorten. Die Blütezeit liegt etwa zwischen April und Mai. Äußerlich erinnert Scilla hispanica ein wenig an eine Hyazinthe, weshalb sie manchmal auch als Hyacinthoides hispanica bezeichnet wird. Insgesamt erreicht sie eine Höhe von 20 bis 30 cm.

- SCILLA SIBIRICA (links): Diese Art ist von Russland bis zum Kaukasus und Kleinasien verbreitet und wird auch Sibirischer Blaustern oder einfach Blausternchen genannt. Die leuchtend blauen, sternförmigen Blüten sitzen auf etwa 15 cm hohen Blütenstielen und erscheinen zwischen März und April. Sie ist besonders wüchsig und kann durch Selbstaussaat große Flächen im Steingarten einnehmen. Es gibt allerdings Sorten, bei denen dieses Problem nicht besteht, weil sie sich nur durch Tochterzwiebeln vermehren, wie zum Beispiel 'Spring Beauty'.

Sedum

Fetthenne, Mauerpfeffer

Ähnlich wie die Gattung der Steinbreche ist auch die Gattung Sedum, die im Volksmund unter anderem als Fetthenne oder Mauerpfeffer bezeichnet wird, von kaum überschaubarer Arten- und Sortenvielfalt.

Die nahezu unverwüstlichen Stauden kommen fast alle mit relativ unwirtlichen Bedingungen zurecht. Sie ertragen beispielsweise sehr starke Trockenheit, weil sie in ihren fleischigen Blättern Wasser speichern können. Die Pflanzen sind allerdings nicht nur wegen ihrer Pflegeleichtigkeit beliebt, sondern haben auch einen hohen Zierwert. Sie schmücken den Steingarten mit ihrem ausgesprochen schönen, oft farbenprächtigen Blattwerk und werden im Sommer zu einer besonderen Augenweide, wenn der Flor von unzähligen kleinen, sternförmigen Blüten in gelb, rosa, rot oder weiß erscheint.

Alle Arten sind relativ anspruchslos. Sie bevorzugen einen sonnigen, warmen Standort, kommen aber unter Umständen auch im Halbschatten zurecht. Die Pflanzen gedeihen in trockenem Geröll oder in Spalten, wobei der Boden gut durchlässig sein sollte. Sie eignen sich hervorragend für den Steingarten und lassen sich dort auf vielfältige Art und Weise verwenden: An Hängen, auf Mauerkronen, in Plattenfugen oder entlang von Wegen. Die Teppiche können sogar an rasenfeindlichen oder sehr trockenen Stellen als eine Art Rasenersatz dienen. Einige kann man als Bodendecker einsetzen. Die kleineren Arten wirken auch in Trögen äußerst dekorativ. Im Folgenden sollen drei Beispiele für beliebte Arten näher beschrieben werden:

BELIEBTE ARTEN

- SEDUM ACRE: Diese immergrüne Staude, die auch als Scharfer Mauerpfeffer oder Scharfe Fetthenne bezeichnet wird, trägt ihren Namen aufgrund ihrer scharf schmeckenden Blätter. Sie wächst in Teppichen von etwa 5 cm Höhe und trägt blassgrüne Blätter. Ihre sternförmigen Blüten sind leuchtend gelb und erscheinen von Juni bis Juli. Generell sollte man bei dieser Art vorsichtig sein, denn sie kann schnell durch Überwuchern zum Unkraut werden.

SEDUM FLORIFERUM: Diese Art wird auch Felsenmauerpfeffer oder Felsenfetthenne genannt. Sie bildet dichte, dem Boden eng anliegende Matten und wird etwa 10 bis 20 cm hoch. Die dunkelgrünen Blätter überdauern den Winter oder bekommen eine dekorative purpurne Herbstfärbung. Zwischen Juli und September erscheinen die gelben Blüten.

SEDUM SPURIUM: Diese auch als Teppich-Sedum bezeichnete Art ist mit ihren schirmförmigen, rosafarbenen bis roten Blütenständen besonders auffällig. Die Pflanze blüht zwischen Juni und August und wird etwa 10 bis 20 cm hoch.

Sempervivum

Hauswurz

Der immergrüne Hauswurz, auch Dachwurz genannt, gehört wie fast alle Vertreter der Dickblattgewächse zu den Sukkulenten; das bedeutet, dass er in seinen Blättern Wasser speichern kann. Er kommt vor allem im Mittelmeerraum von Marokko bis zum Iran vor, hauptsächlich auf kargen, trockenen Standorten mit wenig Niederschlag, gerne auch an felsigen Plätzen, Mauerritzen und im Gebirge bis 2800 m Höhe.

Der Name Sempervivum kommt aus dem Lateinischen und bedeutet „Immer Lebende“, was sich auf die lange Lebensdauer, aber ebenso auf die Genügsamkeit und Widerstandsfähigkeit dieser Stauden auch unter schwierigen Wachstumsbedingungen bezieht.

Für die Liebhaber des Hauswurz liegt der Schmuckwert der vielen verschiedenen Arten, die es in unzähligen Sorten gibt, in seinen kugeligen Rosetten aus fleischigen Blättern in den unterschiedlichsten Farben und Formen. Mit diesem als Wasserspeicher dienenden Laub können die Pflanzen selbst lang anhaltende Trockenperioden schadlos überstehen.

Aus der Rosette wächst der Blütenstängel, der dachziegelartig mit Blättern besetzt ist. Die Blüten, die wie ein Stern mit Strahlen geformt sind, stehen in Trugdolden und sind rötlich, gelblich oder – seltener – weißlich. Nach dem Flor stirbt die entsprechende Rosette ab, jedoch hat sie vorher mehrere Tochterrosetten gebildet, so dass die Hauswurz kleinere Flächen mit Rosetten in unterschiedlicher Größe überzieht.

5–40 cm

VI–VIII

Eine häufig im Steingarten verwendete Art ist die Dach-Hauswurz (Sempervivum tectorum). In Rosettengröße und -färbung ist sie außerordentlich variabel. Die offenen, flachen Rosetten können klein mit einem Durchmesser von 5 bis 7 cm sein; es gibt aber auch Typen mit bis zu 20 cm breiten Rosetten.

Die sehr fleischigen Blätter sind grün, bei Trockenheit oft rötlich, und mit einer deutlichen braunen Spitze versehen. Die Blüten der Dach-Hauswurz sind meist purpurrot.

Mit ihren dekorativen Rosetten sind Hauswurze ideale, anspruchslose Steingartenpflanzen. Sie gedeihen in Felsspalten, Steinfugen oder auf Mauerkronen. Die Rosettenfarben sollten dabei im Kontrast zu den vorhandenen Steinen stehen, also grüne und graue Töne zu roten Sandsteinen, Rosetten mit Rottönen eher zu den gelblichen und grauen Kalksteinen.

Zu beachten ist, dass die Pflanzen einen sonnigen Standort und einen stark durchlässigen Boden benötigen, denn Nässe vertragen sie nicht. Als Begleitpflanzen eignen sich zum Beispiel sehr gut Glockenblumen, Storchschnabel, Steinbrech und Freilandkakteen, oder auch Enzian, Yucca sowie kriechender Thymian.

Stachys

Ziest

Stachys lanata (links), auch unter den Bezeichnungen Stachys byzantina, Wollziest oder Eselsohren bekannt, ist vom Kaukasus bis Nordpersien verbreitet. In der freien Natur gedeiht er unter anderem auf trockenen, felsigen Hügeln, in Gebüschen, Waldlichtungen oder an Flussufern.

Die mattenbildende Staude trägt dicke, graugrüne, dicht weißwollig behaarte Blätter, die in einer Rosette stehen. Die Blütentriebe sind ebenfalls weiß-wollig behaart und tragen von Juni bis August kleine, rosapurpurne, in Quirlen angeordnete Blüten. Insgesamt wird der Wollziest etwa 15 bis 50 cm hoch.

Am besten gedeiht Ziest an trockenen, heißen Stellen in voller Sonne. Der Boden sollte wasserdurchlässig und mäßig fruchtbar sein. Wenn man das silbergraue Blattpolster des Ziests lieber ungestört erhalten will, kann man die Blütentriebe auch herausschneiden. Die Pflanze eignet sich im Steingarten besonders gut als Bodendecker oder für Einfassungen.

Bekannte Sorten sind z.B. die schwach blühende 'Silver Carpet' mit ihren silbern überlaufenen, grauweißen Blättern oder die 'Cotton Boll' mit kugeligen, baumwollartigen Blüten. Besonders schön ist Stachys grandiflora 'Superba' (unten).

15–50 cm

VI–VIII

Stipa

REIHERFEDERGRAS

50–80 cm

VI–VIII

Die Stipa, auch Reiherfedergras genannt, kommt ursprünglich in den gemäßigten bis tropischen Trockengebieten der Erde vor. Besonders dekorativ wirkt die Zierpflanze durch ihre weizenähnlichen Blütenrispen mit bis zu 40 cm langen, bogig überhängenden, fedrigen Grannen. Sie schimmern silbrig seidig und bewegen sich im leisesten Windhauch wie Federn. Dadurch macht das attraktive Gewächs seinem Namen alle Ehre. Äußerst ansprechend sind aber auch die schmalen, graugrünen Blätter. Die Horste werden etwa 80 cm hoch.

Die Pflanze bevorzugt einen warmen, sonnigen Standort auf trockenem, kalkhaltigem, wasserdurchlässigem Boden. Sie ist relativ pflegeleicht, reagiert allerdings empfindlich auf Winternässe.

Mit den locker im Wind spielenden, grazilen Blütenhalmen lassen sich im Steingarten geradezu malerische Gartensituationen gestalten. Eine schöne Wirkung erzielt man, wenn man das Reiherfedergras in Gruppen anpflanzt. Neben blau blühendem Salbei oder Veronica kommt es besonders gut zur Geltung. Die Fruchtstände sind auch für Sträuße sehr attraktiv.

Tagetes

Studentenblume

15–120 cm

V–X

Eigentlich bedarf die unverwüstliche Studentenblume kaum einer Vorstellung, denn die Pflanze ist sehr bekannt und beliebt. Ihre Popularität verdankt sie ihrem immensen Blütenreichtum, ihrer unkomplizierten Pflege und ihrem großen Formenreichtum, der sie so vielseitig einsetzbar macht.

Zur Gattung der Tagetes zählen rund 50 Arten stark duftender, buschiger Einjähriger und Stauden, die aus Mexiko und Mittelamerika stammen. Man unterteilt sie in drei Hybriden-Gruppen:

- TAGETES ERECTA: Sie wachsen sehr kompakt und bilden dichtgefüllte, sehr große Blütenbälle aus, die an kräftigen Stängeln weit über dem Laub stehen. Es gibt Sorten von bis zu 120 cm Höhe wie die 'American', von der gelbe und orange Farbvariationen existieren, aber auch kleinere Sorten wie die 'Discovery', die nur 15 bis 25 cm hoch wird und ebenfalls gelb oder orange blüht. 'Goldschmied', 'Jubilee', 'Smiles' und 'Sovereign' werden zwischen 50 und 70 cm hoch; auch sie blühen in Variationen von Gelb und Orange.

- TAGETES PATULA: Sie schmücken sich mit etwas kleineren, nelkenartigen Blüten und bleiben allgemein etwas niedriger – von der nur etwa 20 cm hohen Sorte 'Boy' über 'Disco Orange' (25 bis 30 cm) bis zu 'Tangerine' (30 bis 40 cm).

- TAGETES TENUIFOLIA: Die zierlichste Vertreterin mit kleinen Sternblüten zwischen fein ziseliert wirkendem Laub. Bewährte Sorten sind die orangefarbene 'Carina' (25 cm hoch), die goldgelbe 'Gnom' (30 cm), die hellgelbe 'Lulu' (30 cm), die rotbraune 'Ornament' (20 bis 25 cm) und die goldgelbe 'Ursula' (30 cm).

Die Studentenblume passt gut zu vielen anderen Sommerblumen, vor allem zu blau blühenden Partnern wie Ziersalbei oder Vanilleblume, aber auch zu Ringelblume, Duftsteinrich oder Margerite.

Taxus baccata

Eibe

Die Eiben (Taxus) gehören zur Familie der Eibengewächse (Taxaceae). Diese immergrünen Sträucher oder Bäume sind langsamwüchsig und können ein hohes Alter erreichen.

Die bekannteste Art unter den Eiben ist wohl Taxus baccata, die auch Europäische Eibe oder Gemeine Eibe genannt wird. Die giftige Pflanze hat eine dünne grau- bis rotbraune Schuppenborke. Die Nadeln sind an der Oberseite dunkelgrün, die Unterseite ist hellgrün. Die Blütezeit liegt von März bis April. Die verschiedenen Sorten können etwa 10 bis 18 Meter hoch werden; Zwergsorten bleiben mit etwa 50 bis 100 cm recht niedrig. Für den Steingarten eignen sich besonders die Kissen- und Säulenformen, die nur wenige Meter hoch werden.

Der Taxus baccata bevorzugt einen sonnigen bis halbschattigen, nicht zu zugigen Standort auf frischem, nicht zu saurem Boden.

Eine besonders bekannte und beliebte Sorte des Taxus baccata ist die 'Fastigiata', die auch als Irische Säuleneibe bezeichnet wird.

Wie alle Eibenarten wächst sie eher langsam und erreicht in 10 Jahren eine Höhe von etwa 150 cm. Dekorativ sind ihr straff aufrechter Wuchs, der an eine schlanke Säule erinnert, und ihre roten Beeren. Weitere interessante Sorten für den Steingarten sind 'Repandens', die Kisseneibe und Cuspidata 'Nana', die japanische Zwerg-Eibe.

0,5–10 m

III–IV

Thymus

Thymian

Der Thymian ist sicherlich jedem als gut schmeckende Gewürzpflanze oder als Heilmittel gegen Husten ein Begriff. Mit seinem wunderbaren Duft und seiner durchaus attraktiven äußeren Erscheinung darf der Thymian allerdings auch in keinem Steingarten fehlen.

Die immergrünen Stauden, Sträucher oder Halbsträucher bilden meist flach aufliegende, mit der Zeit relativ große Teppiche, die etwa 5 bis 15 cm hoch werden. Die Blätter sind oval bis nadelförmig, behaart und von aromatischem Duft und Geschmack. Zwischen Juni und Oktober erscheinen kleine rote, rosafarbene, violette oder weiße Blüten über dem dichten Laub.

Thymian bevorzugt einen warmen, sonnigen Standort und gedeiht auf alpinen Matten oder feinem Schutt. Der Boden sollte gut durchlässig sein. Werden die Teppiche zu groß, kann

man sie einfach abschneiden. Außerdem empfiehlt es sich, wüchsige Thymian-Arten zurückzuschneiden, um den kompakten Wuchs zu erhalten.

Im Steingarten macht sich Thymian sehr gut in feinem Geröll oder in Spalten. Er eignet sich außerdem für Trockenmauern. Kleinwüchsigere Arten kann man für Tröge verwenden. Zwei Beispiele für Thymian-Arten sind:

- THYMUS SERPYLLUM (oben): Dieser Matten bildende Halbstrauch ist auch als Feldthymian bekannt. Er wird etwa 5 bis 10 cm hoch und blüht zwischen Juni und Oktober. Bekannte Sorten sind die weiß blühende, 5 cm hohe 'Albus' oder die 5 cm hohe, scharlachrot blühende 'Coccineus'.

- THYMUS VULGARIS (links): Der buschige Polster bildende Halbstrauch, der auch als Gartenthymian bekannt ist, wird meist als Küchenkraut verwendet. Er wird etwa 30 cm hoch und blüht von Mai bis September.

5–30 cm

VI–X

Tsuga canadensis

KANADA-HEMLOCKTANNE

Die Wildform von Tsuga canadensis, auch Kanada-Hemlocktanne genannt, kommt in ihrer nordamerikanischen Heimat oft in sumpfigem Gelände vor. Für den Steingarten eignen sich die dekorativen zwergwüchsigen Sorten, die ihrem natürlichen Lebensraum entsprechend an kühlen und feuchten Stellen eingesetzt werden sollten.

Tsuga canadensis erkennt man unter anderem an ihren gebogenen Ästen mit den weichen, flachen, dunkelgrünen Nadeln. Diese sind etwa 1 cm lang und auf der Unterseite weiß gestreift.

Die Kanada-Hemlocktannen bevorzugen einen eher halbschattigen Standort, können aber auch in voller Sonne gedeihen. Der Boden sollte auf jeden Fall kühl, feucht und gut durchlässig sein.

Eine der bekanntesten und beliebtesten Sorten für den Steingarten ist die Zwerghemlocktanne, Tsuga canadensis Jeddeloh. Sie ist von halbkugeligem, nestartigem Wuchs und trägt lange Nadeln. Die Pflanze wird etwa 70 bis 100 cm hoch. Besonders attraktiv und interessant wirkt diese Sorte durch ihre spiralig gestellten Zweige.

Tulipa

Tulpe

Diese ursprünglich in gemäßigten Regionen Asiens beheimateten Zwiebelgewächse sind inzwischen die bekanntesten und beliebtesten Zierpflanzen. Seit der so genannten „Tulpomanie“, als die Tulpenzwiebeln in Holland im 17. Jahrhundert zum Spekulationsobjekt wurden, gehören die Pflanzen für viele zum holländischen Stereotyp; und tatsächlich wird ein Großteil der Tulpennachfrage durch holländische Züchter bedient.

Tulpen sind von aufrechtem Wuchs und werden 10 bis 70 cm hoch. In der Blütezeit zwischen März und Mai erscheinen die weißen, roten, gelben, orange- oder rosafarbenen oder auch zweifarbigen Blüten. Es gibt eine solche Vielfalt von verschiedenen Arten, Sorten und Hybriden, dass in Bezug auf Blütenfarbe oder -form wohl kaum Wünsche offen bleiben und für jeden Geschmack das Passende zu finden ist. Generell kann man jedoch sagen, dass die hochstieligen, prachtvollen Gartentulpen weniger für Steingärten geeignet sind, während sich die klein bleibenden Wildtypen mit ihren Varietäten und Hybriden bestens in die Steinanlage einfügen und für wunderschöne Frühlingsbilder sorgen. Die Pflanzen bevorzugen einen sonnigen Standort und einen nährstoffreichen, durchlässigen Boden. Im Steingarten wirken sie in kleineren oder größeren Gruppen attraktiv, zum Beispiel zwischen Steinen oder Kleingehölzen.

Beliebte Arten

- TULIPA-GREIGII-HYBRIDEN (unten): Die Greigii-Hybriden sind stets Kreuzungen zwischen Wildtulpen. Sie haben dunkel gefleckte oder gestreifte Blätter und werden etwa 15 bis 30 cm hoch. Durch ihre geringe Höhe sind sie hervorragend für Steingärten geeignet. Die großen, meist roten oder gelben Blüten erscheinen im zeitigen bis mittleren Frühjahr.

- TULIPA TARDA: Diese Zwergtulpenart kommt ursprünglich aus Zentralasien. Sie wird 10 bis 15 cm hoch und trägt sternförmige, cremeweiße Blüten mit gelber Mitte. Da sie sehr dauerhaft ist und sich aufgrund ihrer geringen Größe gut in das Bild einer Steinanlage einfügt, gehört diese Pflanze zu den wertvollsten Arten für den Steingarten.

- TULIPA-KAUFMANNIANA-HYBRIDEN (oben): Diese Pflanzen sind robust und relativ haltbar. Sie werden etwa 15 bis 25 cm hoch. Die Blüten sind oft mehrfarbig, wobei die Hauptfarben Gelb, Rot oder Weiß sind. Besonders beliebt sind die Pflanzen aufgrund ihrer frühen Blütezeit im März und April.

Verbascum

KÖNIGSKERZE

Unsere größte einheimische Blume, die Königskerze, macht ihrem Namen alle Ehre. Majestätisch wächst sie kerzengrade bis zu 2 Meter nach oben, und blüht auf einem Großteil ihrer Höhe mit leuchtendgelben Blüten, die einen wunderbaren Duft verströmen und Schmetterlinge, Bienen wie auch Hummeln anlocken. Sie ist zudem eine wichtige und bekannte Heilpflanze, vor allem bei Reizhusten.

Die Pflanze gehört zu den Zweijährigen. Im ersten Jahr bildet sie eine Blattrosette mit graugrünen, samtigweichen Blättern. Im Folgejahr schiebt sich ein Stängel aus der Rosette, der sich nicht oder nur wenig verzweigt und die Blüten trägt. Diese blühen von Juni bis September von unten nach oben allmählich auf. Es gibt auch Arten, die noch einen zweiten oder dritten Sommer blühen, wenn der Standort sonnig und der Boden mager ist. Sie zählen schon zu den kurzlebigen Stauden.

Hildegard von Bingen und die Königskerze

Es gibt kein wärmeres, freundlicheres Gelb als das der Königskerzenblüten. Schon vor 800 Jahren hat die heilige Hildegard Menschen, die ein trauriges Herz hatten, Verbascum verordnet: „Wer ein schwaches und trauriges Herz hat, soll Königskerze zusammen mit Fleisch und Fischen oder Kuchen kochen und essen, dann wird sein Herz gekräftigt und wieder freudig werden.“ Vielleicht hängt dieses Rezept ja auch mit der freudigen Sonnenfarbe der Königskerzenblüten zusammen.

20–200 cm

VI–IX

Die Königskerze eignet sich exzellent als Solitärpflanze im Steingarten. Mit ihrer immergrünen Blattrosette ist sie auch im Winter eine dekorative Pflanze, dabei aber auch sehr robust und anpassungsfähig.

Bei der Auswahl ist man nicht mehr nur auf gelbe Blüten beschränkt. Durch Züchtung sind Sorten entstanden, die in rot, weiß, rosa, violett oder lachsfarben blühen. Auch die Wuchsform kann variieren. Verzweigte und gerade Blütenstängel, dichte und feingliedrige Ähren sowie unterschiedlich hohe Sorten bieten eine ausreichende Vielfalt für individuelle Gestaltungen.

Beliebte Arten

- VERBASCUM OLYMPICUM (links): Bei dieser Art sitzen von Juni bis August gelbe Einzelblüten dicht an dicht auf einem 2 Meter hohen, kandelaberartig verzweigten Blütenstand.

- VERBASCUM DUMULOSUM (Seite 281): Diese etwas frostempfindliche Art weicht von der sonstigen Wuchsform ab. Sie bildet 20 bis 30 cm hohe, dichtbuschige Halbsträucher mit zitronengelben Blüten.

- VERBASCUM SPECIOSUM: Sehr groß werdende (ca. 200 cm) Königskerze mit breiten, weiß behaarten, samtigen Blättern und mäßig sich verzweigenden Blütenständen mit großen schwefelgelben Blüten.

- VERBASCUM PHOENICEUM: Diese Art kann wegen ihres mäßigen Höhenwachstums auch in kleineren Steingärten verwendet werden; sie wird 40 bis 60 cm hoch. Die Blütenstiele und der untere Teil des Stängels sind meist rotviolett gefärbt, die Blüten selbst purpurviolett; es gibt allerdings auch rosa und weiß blühende Typen.

- VERBASCUM DENSIFLORUM: Diese Art zeichnet sich durch große, zitronengelbe Blüten aus. Sie wird ca. 100 cm hoch.

Verbena bonariensis

Patagonisches Eisenkraut

Diese Pflanze beeindruckt durch ihre kleinen, dicht gefüllten Blütenkugeln, die auf verzweigten, fast blattlosen langen Stängeln förmlich zu schweben scheinen. Die nicht ganz winterharte Staude aus Argentinien (bonariensis = Buenos Aires = gute Luft) hat wirklich ganz besondere Reize: ihre lavendelblauen Blüten erstrahlen bis tief in den Herbst.

80–140 cm

VII–X

Das Patagonische Eisenkraut gehört zu einer Gattung mit ca. 250 Arten, die vor allem in den tropischen und gemäßigten Breiten Amerikas vorkommen. Sie besiedeln gewöhnlich offene, sonnige Lebensräume wie Prärien, Wegränder und lichte Gehölze.

Eine in Europa heimische Art ist das Echte Eisenkraut, Verbena officinalis. Der Name Eisenkraut erklärt sich übrigens dadurch, dass man früher mit seiner Hilfe Wunden heilte, die durch eiserne Waffen entstanden waren.

Verbena bonariensis ist mit ihrer sehr langen Blütezeit eine wirkliche Bereicherung im sommerlichen und herbstlichen Garten. Trotz ihrer Höhe nimmt die Pflanze wenig Raum ein, das fehlende Laubwerk macht sie durchscheinend und luftig. Wunderbar auflockernd wirkt sie in gelben Rabatten, z.B. zu Coreopsis, Rudbeckia und Helenium. Allerdings ist sie nur in milden Lagen und mit Schutz versehen über den Winter zu bringen, Sämlinge gibt es jedoch meist reichlich.

Veronica

Ehrenpreis

10–20 cm

V–VI

Veronica, auch Ehrenpreis genannt, bezaubert nicht nur durch äußerst dekoratives, oft silbergraues Laub. Auch mit den meist blauen, attraktiven Blütenkerzen lassen sich schöne Akzente im Steingarten setzen. In der Natur findet man die Pflanze auf Waldwiesen, an sonnigen Geröllhängen oder zwischen Gebüsch.

Ein Beispiel für eine besonders reizvolle Art ist Veronica postrata, die auch als Liegender Ehrenpreis oder Teppichveronika bezeichnet wird, weil sie mit ihren niederliegenden Trieben dichte Matten bilden kann. Zur Blütezeit von Mai bis Juni erscheinen die lang gestielten Blütenstände in Form von vielblütigen, kegelartigen Trauben. Die Blüten sind meist hell- bis dunkelblau, es gibt aber auch weiß oder rosa blühende Sorten. Der Liegende Ehrenpreis wird etwa 10 bis 20 cm hoch.

Die Pflanze gedeiht am besten an einem sonnigen Platz und auf gut durchlässigem, frischem bis mäßig trockenem Boden. Sie eignet sich gut als Bodendecker oder zur Bepflanzung von Felsspalten und Trockenmauerfugen. Als Pflanzennachbarn bieten sich beispielsweise Glockenblumen, Sonnenröschen oder Steinkräuter an. Bekannte Sorten sind die weiße 'Alba', die rosa blühende 'Rosea' oder die blass-porzellanblaue 'Pallida'.

Viola-Hybriden

Veilchen

Das Veilchen ist eine der bekanntesten und beliebtesten Blumen. Es wurde schon von vielen Dichtern besungen und wird an Popularität wohl nur noch von der Rose übertroffen. Auch von der Volksmedizin wurde das Veilchen bereits im Altertum aufgrund seiner Heilkraft geschätzt.

Zur Gattung der Violaceae gehören etwa 500 Arten Einjähriger, Stauden und Halbsträucher, die in den gemäßigten Zonen von der Subarktis bis zu den Bergen Neuseelands anzutreffen sind. Viola ist auch bei uns heimisch und kommt als Hundsveilchen (Viola canina) im Wald und auf Wiesen vor.

Auffälligstes Merkmal aller Arten sind die typischen Blüten, die aus 5 Segmenten bestehen und an einem langen Stiel sitzen. Die vorherrschenden Blütenfarben sind Violett, Weiß und Gelb. Das mittlere, untere Blütenblatt zeigt oft eine dunklere Zeichnung. Die als Gartenpflanzen bekannten Veilchen sind übrigens aus zahlreichen Kreuzungen hervorgegangen.

Zwei Arten aus der großen Veilchen-Familie werden im Folgenden ausführlicher beschrieben:

- VIOLA CORNUTA: Die mit 10 bis 25 cm recht kleinen Hornveilchen sind unermüdliche Blüher, die selbst unscheinbare Ecken des Gartens mit Leben füllen. Aus ihrem dunkelgrünen Laub heben sich die typischen Veilchenblüten empor. Bei der reinen Art sind sie blauviolett gefärbt, es gibt jedoch unzählige Hybriden in allen möglichen Farben. Nach seiner langen Blütezeit (Mai bis Juli) kann das Hornveilchen im Oktober und November sogar noch einmal Blüten tragen, wenn man es nach der Blüte zurückschneidet; außerdem bleibt die Pflanze dann kompakter. Die polsterartig wachsenden kleinen Büsche sind für den Steingarten gut geeignet; sie passen schön zu Steinkraut, Gänsekresse, Anemonen und Ehrenpreis.

10–25 cm

III–VII + X–XI

VIOLA WITTROCKIANA: Die Gartenstiefmütterchen sind die am weitesten verbreiteten Frühjahrsblüher. Sie erfreuen bereits ab März mit ihrer bunten Blumenpracht. Die Viola-Wittrockiana-Hybriden entstanden aus Kreuzungen verschiedener Arten und werden ein- bis zweijährig kultiviert. Es gibt Sorten mit kleinen, dem Hornveilchen ähnlichen Blüten, aber auch großblütige, etwa die bekannten 'Schweizer Riesen'. Stiefmütterchen bilden buschige, immergrüne Stauden mit herzförmigen mittel- bis dunkelgrünen Blättern. Die 6 bis 10 cm breiten Blüten bestehen aus einander überlappenden Blütenblättern. Es gibt sie einfarbig (meist in Weiß, Gelb, Orange, Rosa, Rot, Blau oder Purpur) und zweifarbig, sowie mit oder ohne Auge. Die Pflanze bevorzugt einen sonnigen bis halbschattigen Standort und einen nährstoffreichen, lockeren Boden. Mit ihren leuchtenden Farben sind Stiefmütterchen im Steingarten ein absoluter Blickfang. Gerne werden sie mit Tulpen, Hyazinthen und anderen Frühjahrsblühern kombiniert.

Wulfenia carinthiaca

Wulfenie, Kärntener Kuhtritt

Wulfenia carinthiaca verdankt ihren seltsamen Namen Kuhtritt wohl ihrem ursprünglichen Vorkommen auf Alm- und Bergweiden in den Südostalpen.

Die attraktive, immergrüne Rosettenstaude trägt glänzende, dunkelgrüne Blätter. Die üppigen Blütenstände erscheinen von Mai bis Juni. Meist sind die kleinen, schmalen, glockigen Blüten blauviolett, es gibt aber auch weiße Sorten. Die Blüten stehen in einer einseitswendigen Traube am Stielende. Insgesamt wird die Pflanze etwa 15 bis 30 cm hoch.

Die Wulfenie sollte an einem sonnigen bis halbschattigen, luftfeuchten Platz stehen. Sie gedeiht am besten in humusreichem, gut durchlässigem Boden, der leicht sauer sein sollte. Zudem vertragen die Pflanzen übermäßige Nässe nicht gut und sollten gegebenenfalls dagegen geschützt werden.

Im Steingarten wirkt Wulfenia carinthiaca besonders zwischen Felsen, oder in Fugen und Mauerritzen dekorativ. Geeignete Pflanzennachbarn sind zum Beispiel Primeln, Braunellen oder Gräser.

Eine der bekannten Sorten ist die weiß blühende 'Alba'.

Yucca filamentosa

75–150 cm

VII–VIII

Palmlilie

Seit vielen Jahren erfreut sich die Yucca-Palme großer Beliebtheit. Streng genommen zählt sie gar nicht zu den echten Palmen, denn botanisch ist sie ein Agavengewächs. Die Gattung umfasst ca. 40 Arten, die in den trockeneren Regionen Nord- und Mittelamerikas beheimatet sind.

Es handelt sich um stammbildende oder stammlose Stauden, Bäume und Sträucher mit rosettenartig angeordneter Belaubung. Die Blätter sind meist hart bis ledrig, an den Rändern oft gezähnt oder mit fadenartigen Fasern besetzt. Aus der Mitte der Rosette erheben sich aufrechte Stiele mit zahlreichen becherförmigen, meist weißen oder cremefarbenen Blüten.

Eine für den Steingarten geeignete Art ist Y. filamentosa. Der fast stammlose Strauch mit grundständiger Rosette stellt eine auffallende Solitärpflanze dar. Sie eignet sich nicht für enge Gartenecken, sondern eher für Standorte, die ihrem natürlichen Lebensraum in der dünn bewachsenen Wüste entsprechen. Ihre bis 75 cm langen, dunkelgrünen Blätter tragen am Rand lockige Fasern. Im Hochsommer treibt die Palmlilie einen gut meterhohen Blütenstand mit glockenförmigen, gewöhnlich weißen Blüten. Diese Art ist auch in unseren Breiten frosthart und gedeiht am besten in vollsonniger Lage mit gutem Wasserabzug.

Yucca filamentosa gibt es in unterschiedlichen Farben und Größen. 'Bright Edge' ist eine Sorte, deren Blätter durch ihren breiten, gelben Rand besonders dekorativ wirken. Bei 'Variegata' sind die blaugrünen Blätter weiß gerandet und im Winter rosa überlaufen. Die Sorte 'Fontäne' wird 120 cm hoch, 'Glockenriese' etwa 150 cm. Die Blüten der Palmlilien sind in der Regel weiß; bei 'Schneetanne' sind sie leicht gelbgrün getönt.

Register der deutschen Pflanzenbezeichnungen

Bildquellen

Alle Fotos: Medien Kommunikation, Unna

Fotografen: Hermann Hackstein, Raphael Pehle, Michael Hase, Mathias Hinkerode, Jürgen Schossig

Konzeption & Realisation: Tobias Pehle

Mitarbeit: Yara Hackstein, Carola Struck, Mathias Hinkerode, Dietrich Löbbecke

Besonderer Dank gilt: Martin Struck, Ursula Hackstein, Steffi Bössow und, Antonia Pehle